Paul de Lagarde

Anmerkungen zur griechischen Übersetzung der Proverbien

Paul de Lagarde

Anmerkungen zur griechischen Übersetzung der Proverbien

ISBN/EAN: 9783744628792

Hergestellt in Europa, USA, Kanada, Australien, Japan

Cover: Foto ©Thomas Meinert / pixelio.de

Weitere Bücher finden Sie auf **www.hansebooks.com**

ANMERKUNGEN

ZUR

GRIECHISCHEN ÜBERSETZUNG

DER

PROVERBIEN

VON

LIC DR PAUL DE LAGARDE,

COLLABORATOR AM FRIEDRICHS-WERDERSCHEN GYMNASIUM
ZU BERLIN.

LEIPZIG
F A BROCKHAUS
1863.

auf kosten des verfassers in der akademischen buchdruckerei zu Berlin gedruckt.

Die blätter, welche ich hiermit der gelehrten welt vorlege, werden zunächst keine sehr freundliche aufnahme finden: denn die in ihnen ausgesprochenen überzeugungen stehn in scharfem gegensatz zu allgemein geltenden ansichten, die in ihnen angewandte methode ist eine andre, als die durch lange gewöhnung geheiligte der herrschenden theologie. theoretische auseinandersetzungen würde die mitwelt nicht beachten, die nachwelt wird sie nicht nöthig haben. ich benutze daher den mir gebliebnen raum lieber dazu, ein paar bemerkungen mitzutheilen, welche ich während der zur ausarbeitung meines buches nöthigen studien gemacht habe. ich weifs für sie keinen andern platz, als diesen titelbogen. sollte mir (was ich nicht glaube) jemand in der emendation der gleich aufzuzählenden stellen zuvorgekommen sein, so bitte ich überzeugt zu sein, dafs ich seinen namen nicht mit absicht verschwiegen habe [1]).

Gen 38, 16 ist אֶל zu streichen, denn die construction kann nur dieselbe sein wie Gen 39, 21. der kopist wollte אֵלֶיהָ noch einmal schreiben, sah aber, als er beim zweiten consonanten war, dafs das wort schon dastehe, und liefs es deshalb unvollendet, aber aus nachlässigkeit oder aus gutem glauben an die einsicht seiner leser ohne die athetierenden punkte.

Reg α 9, 12 ist לְפָנֶיךָ מַהֵר in הָרֹאֶה לִפְנֵיכֶם zu ändern. wollte man sich auch gefallen lassen, dafs die mädchen den Saul als herrn allein anreden und darum לְפָנֶיךָ und מַהֵר sagen, obwohl es vorher וַתֹּאמַרְנָה und nachher כְּבֹאֲכֶם heifst, so bleibt doch מַהֵר selbst auffallend. war der seher in die stadt gekommen um das opfer zu segnen und mit zu verzehren, so war für Saul keine eile nöthig. Samuel tritt nachher erst aus seinem hause

---

[1]) im begriffe mein manuscript in die druckerei zu geben, finde ich, dafs RLowth Isaj 30, 12 ebenso corrigiert hat wie ich.

um zur הַבָּמָה zu gehn, und die mädchen werden in dem kleinen nest wohl gewufst haben, wann geopfert und gegessen werden sollte, also auch, dafs die feierlichkeit zu der zeit, als sie mit Saul sprachen, noch nicht angegangen war. nun opfert und ifst es sich nicht so schnell, dafs nicht Saul, selbst wenn die leute schon versammelt gewesen wären, den weg vom brunnen des städtchens zum opferplatze in aller bequemlichkeit hätte gehn können, ohne fürchten zu müssen den seher nicht mehr zu treffen. LXX hatten מַהֵר nicht, τάχυνον A ist späterer zusatz: מִהֵר wird meistens ἔσπευσε gegeben.

Reg α 31, 10 = Paral α 10, 10 תָּקְעוּ sehr הקעו = הוֹקִיעוּ. was תָּקַע bedeutet, zeigt سقع: wer wird sagen, dafs man einen leichnam in die mauer eingeschlagen? zu יָקַע = وقع gehört ميقعة pfahl zum aufhängen von kleidern.

Isaj 30, 12 בְּעֹשֶׁק sehr בְּעִקֵּשׁ. denn was in dem zusammenhange bedrückung soll, ist nicht einzusehn, und עִקֵּשׁ steht auch Prov 2, 15 neben נָלוֹז. die construction zu vergleichen mit der bei Ibn Khaldûn berbers I 276, 16 فبين ثكلى وعاوية ومسقطة جنينا [geheul der weinenden] *und zwar zwischen einer kinderlosen und einer heulenden und einer die das embryo fallen läfst*: Ḥarîrî II introduction 13 [Reinaud] الرعية بين مرعوب ومنكوب *das volk ist zwischen einem in furcht gesetzten und einem niedergeschlagenen.* so hier *und weil ihr euch verliefset auf einen krummen und einen* .....; denn was נָלוֹז bedeutet, weifs ich nicht.

Isaj 44, 13ª hatte der Grieche nur חָרַשׁ עֵצִים נָטָה בַשֶּׂרֶד בַּמַּקְצֻעוֹת יְתָאֳרֵהוּ = τέκτων ξύλον ἔστησεν ἐν μέτρῳ καὶ ἐν σμίλῃ ἐρρύθμισεν αὐτό. in unsern hdss steht vor τέκτων noch ἐκλεξάμενος, zwischen ἔστησεν und dem ersten ἐν + αὐτὸ, und κόλλῃ für σμίλῃ. ἐκλεξάμενος hatte schon JChDöderlein in ἐκλυόμενος geändert und als vertreter von וַיִּיעָף an 12ᵇ abgegeben: αὐτὸ wurde erst zugesetzt, als man ἐκλεξάμενος zu lesen und mit 12ᵇ zu verbinden angefangen hatte. zu meinem σμίλῃ vgl בְּאִזְמְלַיָּא des targum. im archetypus stand במקצע׳: den strich lösten die Masoreten mit ת auf, der Grieche las ihn ה. der Syrer hängt hier vom Griechen ab: er fand schon ἐκλεξάμενος und κόλλῃ; וַיִּיעָף 12ᵇ übersetzt er ܘܐܠܨܗ [Athan ܚܣ 16 ܠܚ 5], ohne zu ahnen, dafs sein ܢܚܐ 13 schliefslich auf eben diesen satz zurückgeht.

Hierem 2, 24 תַּאֲנָתָהּ schr תַּאֲוָתָהּ: von אִנָּה Exod 21, 13 sollte ein hauptwort mit der bedeutung *occursus venereus* herkommen können!

Ezech 20, 37 lesen die LXX בְּמִסְפָּר und haben das deutlich genug aus dem folgenden וּבָרֹתִי entstandene הַבְּרִית nicht gehabt.

Ezech 43, 11 hat der schreiber, da er den ersten buchstaben eines ihm vorliegenden wortes nicht lesen konnte, die beiden möglichen lesungen וְכָל־צוּרֹתָו וְכָל־תּוֹרֹתָו hintereinander geschrieben: eine der beiden muſs weichen. ähnlich überträgt der interpret der didascalia 98, 22 sowohl ποιεῖν als πεσεῖν, da er nicht weiſs, wem er den vorzug geben soll. und zum schaden der an diplomatische kritik nicht gewöhnten theologen stehn in den Recognitionen III 1 die worte *et post haec* bis *vanitatem* jetzt neben den kapiteln 2-11, über deren aus dogmatischen gründen erfolgte weglassung sie hinweghelfen sollten.

Ioel 2, 8 יִבְצָעוּ schr יֵעָצֵבוּ, denn dem שֶׁלַח gegenüber kann nichts in frage kommen, als verwundet oder nicht verwundet werden. und בצע I findet sich, wenn man genauer zusieht, nur in der redensart בָּצַע בֶּצַע.

Amos 9, 1 haben die Masoreten, wie die vokale zeigen, בְּצַעַם gar nicht von בֶּצַע hergeleitet. angenommen einmal בְּצַעֵם sei so viel als בְּצָעֵם und סַף bedeute hier *superliminare*, was sagt dann die stelle? es bekommt jemand den auftrag den כַּפְתֹּר nicht zu zerschlagen, sondern zu schlagen, daſs die סִפִּים — herunterfallen? bewahre, daſs sie wackeln. da die erfüllung der aufgabe für den propheten zu schwer gewesen sein würde, kann die anrede nach der meinung der ausleger nur an einen engel gerichtet worden sein: da sich ein solcher im text nicht findet, wird er ergänzt. für verständige commentatoren ist nun ohne weiteres klar, daſs die arbeit dieses unsichtbar sichtbar gegenwärtigen wesens damit noch nicht zu ende ist, daſs es die überschwellen des tempels zum schwanken bringt. denn hätte es weiter nichts gethan als dies, so würde der erfolg seiner anstrengung wohl nur der gewesen sein, daſs der gläubigen gemeinde räthlich erschienen wäre, das gebäude mit einiger geschwindigkeit zu verlassen. es gilt daher diesen theologen auch für ausgemacht, daſs das folgende im engsten zusammenhange mit dem vorigen steht: und wirf sie [die סִפִּים] auf dem kopfe aller entzwei. die *superliminaria* sind ja aber gar nicht in der hand des engels: sollte er sie zum werfen brauchen, warum wird er mit dem schlagen des כַּפְתֹּר aufgehalten? ein engel hätte sie doch wohl ohne solche vorbereitung aus dem mauerwerk herausbekommen. und noch mehr: nicht dem gottlosen volk geschieht etwas, sondern den unschuldigen quadersteinen; nicht die köpfe der Juden werden von den סִפִּים zerschmettert, sondern die סִפִּים gehn an den köpfen der Juden in stücke. nun weifs ich zwar aus Exod 32, 9, dafs Israel ein עַם קְשֵׁה־עֹרֶף war, aber nirgends steht geschrieben, dafs die schädel der Hebräer so hart gewesen sind, dafs die überschwellen eines tempels nicht sie zerschmetterten, sondern an ihnen zerschellten. man sieht, zu wie vielen bedenken die gewöhnliche erklärung des verses veranlassung giebt; aber die dieser erklärung zu grunde liegenden annahmen sind auch völlig ohne grund. man verurtheilt sich selbst, wenn man sagt, nur an dieser stelle stehe בְּצַעַם für בְּצָעָם, und nur an dieser stelle bedeute סַף überschwelle. da Amos mit der hebr orthographie auf keinem zu gutem fufse steht, wird erlaubt sein בְּצַעַם = בְּזַעַם Habac 3, 12 zu nehmen, wenn man nicht ז für צ korrigieren will. כַּפְתֹּר und סַף stehn sich hier gegenüber wie etwa כִּפָּה und אַגְמוֹן. der prophet hat sich erst bildlich ausgedrückt, dann redet er zur erklärung seines bildes von רֹאשׁ und אַחֲרִית. vgl Eurip Iphig taur 48. 49.

Iob 11, 12ª ἄλλως νήχεται λόγοις. für ἄλλως 138 256 ἄλλος, die akten des concils von Ephesus 187, 19 [Sylburg] ἀλούς, Schleusner rieth auf ἄνους. sehr ἄνους ἐνέχεται λόγοις. für יִלָּבֵב las der übersetzer יְלַבֵּךְ: ܠܒܟ κατεῖχε Reliqq 69, 15 Tit Bostr 3, 10: ܠܒܟ κατέχει 21, 22. 80, 8: κατεχόμενος 13, 24. 30, 2. 31, 13. 77, 18. 23. 78, 8. Symmachus gab יִלָּבֵב durch θρασύνεται wieder, was bei 161 248 am rande steht, in y in den text gekommen ist: ܐܬܠܒܒ ἐθάρσησε Clem recogn 125, 17: ܠܒܝܒܐܝܬ θαρσαλέως Analecta 169, 3. ܠܒܝܒܐܝܬ ܘܡܠܒܒܐܝܬ θαρραλέως Tit Bostr 33, 10: ܝܬܝܪ ܠܒܝܒܐ ܗܘܐ θαρραλεώτερος ἐγένετο 15, 25. zu Prov 13, 14ᵇ.

Iob 16, 4 אַחְבִּירָה schr אַרְחִיבָה. denn הִרְחִיב פֶּה ist ganz gewöhnlich, הֶחְבִּיר kennt niemand. auch verlangt das parallele אָנִיעָה als seitenstück ein wort mit sinnlicher bedeutung.

die gewöhnliche erklärung von Iob 27, 8 setzt voraus, dafs יֵשֶׁל und יִבְצָע dasselbe hinter dem verbum stehende subjekt und objekt haben: bis man ein unzweifelhaftes beispiel solcher construction beigebracht haben wird, mufs ich sie für ganz und gar unsemitisch halten. dazu kommt noch, dafs trotz dieser entsetzlich engen verbindung der versglieder zwei verschiedne bilder dem ausdruck zu grunde liegen sollen. dafs die seele abgeschnitten werde, ist mir ebensowenig bekannt als ein zeitwort שָׁלָה = herausziehn. endlich scheint mir bei der üblichen auslegung vorausgesetzt werden zu müssen, dafs nicht allein der verfasser des buchs den glauben an eine fortdauer der seele nach dem tode gehabt, sondern dafs alle welt ihn mit dem dichter getheilt. ein schreien des sterbenden um gnade im christlichen sinne ist nicht alttestamentlich: man bat um erhaltung des lebens, das übrige fand sich; und die צָרָה 9[b] ist nach dem sprachgebrauch nicht der todeskampf. das ב von יבצע gehört zu dem jetzt אֱלֹהַּ punktierten vorletzten worte von 8[b]. schr כִּי יָצָק · כִּי מַה־תִּקְוַת חָנֵף כִּי יִשְׁאַל בְּאָלָה נַפְשׁוֹ. in יִשְׁאַל ist wieder חָנֵף subjekt, נַפְשׁוֹ = arab *nafsahu*. Iob 31, 30[b].

Prov 4, 10[a] שְׁמַע וְקַח אֲמָרָי ist nicht hebräisch. wer אֲמָרַי als accusativ mit den zwei imperativen שְׁמַע und קַח verbinden wollte, mufste שְׁמַע אֲמָרַי וְקָחֵם sagen. schr שְׁמַע לֶקַח אֲמָרָי.

Prov 4, 14[b] הָאַשֵּׁר schr הַשֹּׁחַר. der schreiber des archetypus hatte הָאשֻׁר gemeint.

Prov 12, 17[a] יָפִיחַ schr יָפֵחַ (Ps 27, 12), sonst hätte das hemistich kein subjekt.

Sophocles Electra 125 ἁλόντ' ἀπάταις schr ἁλόντα πάγαις. dafs dies metrisch besser ist, liegt mir im gefühl: ἀπάταις scheint mir nach δολερᾶς 124 matt.

[Pseudo-]Xenophon Agesil 11, 11 φαυλότητι schr ἀφελότητι.

Cicero pro Sestio 110 *rem paternam ab idiotarum divitiis ad philosophorum regulam perduxit.* schr *paenulam*: gemeint ist der τρίβων oder ἄχρηστος φαινόλης Athenaeus γ 52.

Philo I 306 § 10 τῶν σὺν ἡδονῇ βλαβερῶν τὰ μετὰ ἀηδείας ποιοῦσιν ὠφέλιμα schr προκρίνουσιν.

Seneca Hercules 15 für *tellus* schr *Delus*.

ס Prov 2, 19[b] ܡܠܕܪܟܝܢ schr ܡܕܪܟܝܢ: ܐܕܪܟ κατέλαβε NT Tit Bostr 5, 11. 21, 9. 64, 34. 35. 70, 29. 34.

ח Prov 5, 22[b] ܡܠܚܡ schr ܡܬܠܚܡ wie bei Athan ܝܐ 11 steht. unter Athanasius verstehe ich nur dessen festbriefe, wie unter Cyrillus nur den von RPSmith herausgegebnen commentar zum Lucas.

ich habe s 7 *μαρσίπιον* drucken lassen, da das von *μάρσιπος* Xenophon Anab δ 3, 11 abgeleitete wort deutlich semitischen ursprungs ist, und die form מַפְּלִיל ihr ל nicht verdoppelt. zu den Reliquiae graec xxvi xxxvii aufgezählten griechischen wörtern gleicher herkunft füge ich jetzt noch hinzu: *ἅρπη* חֶרֶב [Bochart], *βότρυς* בֹּסֶר, *κίβδηλος* ܟܪܣ vgl Scaligerana 51, *λαὸς* לְאֹם, *λόγχη* רֹמַח, *ῥάβδος* לֶמֶד [auch im namen des buchstaben erweichte sich מ; die alten sagten *λάβδα*, daher die Kopten ⲗⲁⲩⲇⲁ], *ῥίον* ܪܝܫ [σ zwischen zwei vokalen fällt aus], *σήψ* צַב [Bochart, Garcin zu Azzeddin 199], *ὕβρις* עֶבְרָה. da צַב arabisch ضب lautet, müfste es nach dem unumstöfslichen gesetze, dafs ض einem צ entspricht, im syrischen mit ܥ anfangen: *σήψ* ist also aus einem andern semitischen dialekte entlehnt als *κίβδηλος* und *ῥίον*. dafs das nationale leben der Griechen im hohen alterthume im westen am stärksten war, scheint mir daraus hervorzugehn, dafs der gegensatz zur fremde dort am nachdrücklichsten empfunden wurde. *Αἰτωλία* steht nemlich zu Ἰταλία (वत्सल = *vitulus* = *ἰταλός*) in demselben verhältnisse wie *Anêrân* zu *Êrân* [1]). vgl zu 23, 31^b.

ist *μαρσίπιον* semitisch, so ist dafür כִּיס indogermanisch. neben كيس stellt Freytag IV 74^a persisches كيسه: das ist քսակ, in welchem worte die endung regelrecht neu-persischem ه entspricht [*βατιάκη* [2]) *φιάλη περσικὴ* Athenaeus ια 27 = بادية, woher arabisch باطية Freytag I 133^a]: ք freilich fällt auf, da ք in semitischen wörtern ךּ [քօշ aus քաւշ = כֶּבֶשׂ] und ח [մաքուր = ܙܟܐ], in echtarmenischen nur խ = स्व त्व ह्व = خو vertritt. כִּיס ist कोश.

---

[1]) für die sprachverhältnisse des ältesten Griechenlands ist mir seit lange Ilias ω 316 wichtig, wo ich vor θηρητῆρα ein komma setze. որսալ *jagen* geht nach den lautgesetzen wie περκνὸς auf पृश्न zurück. | [2]) Aristot 834^a 4?

Wer sich die mühe geben will, alte griechische und syrische handschriften genau anzusehn, wird finden, dafs sie in mehreren stücken unsern drucken und manuscripten des hebräischen alten testaments ähnlich sind. da ich für wahrscheinlich halte, dafs die in naher nachbarschaft lebenden Griechen Syrer und Juden der ersten jahrhunderte dieselben schreibgebräuche gehabt haben, so erkläre ich die in hebräischen urkunden vorkommenden graphischen eigenthümlichkeiten genau so, wie ich sie erklären würde, wenn ich sie in griechischen oder syrischen büchern anträfe, das heifst ich betrachte punktierte worte als gelöscht [1]), über der linie stehende buchstaben gelten mir als später nachgetragen [2]), aus freien stellen ersehe ich, dafs wegen eines lochs im pergament oder mangelhafter gerbung die haut nicht hat beschrieben werden können, oder aber, dafs der kopist seine urschrift zu lesen aufser stande war [3]), auch wohl dafs ihm die zu überschriften nöthige rothe farbe für den augenblick fehlte [4]).

wenn nun aber *puncta extraordinaria* und *literae suspensae* des hebräischen textes beweisen, dafs die kopisten sich verschrieben haben, und wenn der פָּסֵק auf irgend eine zufälligkeit zurückgeht, welche dem schreiber oder der von ihm beschriebenen haut begegnet war, so müssen alle manuscripte, welche an denselben stellen diese punkte, in der luft schwebenden buchstaben und freien stellen zeigen, nothwendig sklavisch treue abschriften desselben originals sein. denn es wäre, wenn auch auffallend so doch möglich, dafs alle kopisten an derselben stelle denselben richtigen

[1]) Geopon 7, 17. 51, 25. 87, 12. 96, 30. Eichhorn einleitung I 351. | [2]) Reliqq ed Lagarde 5, 12. 9, 19. 11, 8. 13, 23. 23, 19. 41, 10. 81, 2 wie im hebräischen Iud 18, 30 Ps 80, 14 Iob 38, 13. | [3]) Constitutt ed Lagarde 97, 15. 126, 17. 179, 5. | [4]) Geopon 94, 12. 20. 95, 5. 12.

einfall gehabt hätten; dafs aber alle unabhängig von einander und ihrer urschrift auf demselben fleck dieselben fehler gemacht und auf dieselbe weise verbessert haben sollten, ist undenkbar.

es ergiebt sich also, dafs unsere hebräischen handschriften des alten testaments auf ein einziges exemplar zurückgehn, dem sie sogar die korrektur seiner schreibfehler als korrektur treu nachgeahmt und dessen zufällige unvollkommenheiten sie herübergenommen haben. über diesen archetypus des masoretischen textes würden wir nur durch conjectur hinausgelangen können, wenn uns nicht die griechische version des alten testaments die möglichkeit verschaffte, wenigstens eine schlechte übersetzung eines einer andren familie angehörenden manuscripts zu benutzen. es versteht sich selbst heutzutage leider noch nicht von selbst, dafs die LXX nur in ihrer ursprünglichen gestalt zur kritik unsrer masoretischen diaskeuase angewandt werden darf. wollen wir über den hebräischen text ins klare kommen, so gilt es zunächst die urform der griechischen übersetzung zu finden. ehe diese vorliegt, darf die aegyptische recension nicht zur kontrolle der palästinensischen benutzt werden. ehe aber eine solche kontrolle vorgenommen worden ist, hat niemand das recht die überlieferung als fest und bekannt anzusehn. alle untersuchungen aber über das alte testament schweben in der luft, wenn sie nicht auf den möglichst beglaubigten text zurückgehen. die wissenschaft verlangt mehr als einfälle und beiläufige bemerkungen; ihr wesen ist die methode.

die griechische übersetzung des alten testaments ist zuerst von den Judenchristen geändert worden, welche ihre ideen in dieselben hineintrugen; später wurde sie durch die vergleichung mit den jüngeren versionen verdorben. was und wie die Nazarener an dieser wichtigen urkunde gesündigt haben, läfst sich jetzt schwer feststellen, da gleichgültigkeit und beschränktheit späterer zeiten die schriften der ältesten väter haben untergehen lassen: dafs was geschah, vor der anerkennung einer sammlung neutestamentlicher schriften geschah, ist ohne weiteres gewifs: das bedürfniss im alten testamente christliche anschauungen ausgedrückt zu finden, mufste nothwendig erlöschen, so wie man sein denken und empfinden an ursprünglich-christliche bücher anzulehnen in den stand gesetzt war. für die durch beischriften aus Aquila Symmachus und Theodotion entstandne verwirrung des septuagintatextes wird sehr mit unrecht Origenes verantwortlich gemacht, da schon Clemens von Alexandrien ein durch einschiebsel aus diesen übersetzern verderbtes exemplar des griechischen alten testaments vor sich hatte.

ich gebe im folgenden eine probe meiner vor achtzehn jahren angefangenen bearbeitung der LXX. nur drei axiome schicke ich voraus:

I die manuscripte der griechischen übersetzung des alten testaments sind alle [1]) entweder unmittelbar oder mittelbar das resultat eines eklektischen verfahrens: darum muſs, wer den echten text wiederfinden will, ebenfalls eklektiker sein. sein maaſsstab kann nur die kenntniss des styles der einzelnen übersetzer, sein hauptbilfsmittel muſs die fähigkeit sein, die ihm vorkommenden lesarten auf ihr semitisches original zurückzuführen oder aber als original-griechische verderbnisse zu erkennen.

II wenn ein vers oder verstheil in einer freien und in einer sklavisch treuen übertragung vorliegt, gilt die erstere als die echte.

III wenn sich zwei lesarten nebeneinander finden, von denen die eine den masoretischen text ausdrückt, die andre nur aus einer von ihm abweichenden urschrift erklärt werden kann, so ist die letztere für ursprünglich zu halten.

---

[1]) man hat sich gewöhnt B als eine dem urtext sehr nahe kommende hds zu betrachten. wenn aber B nicht selten da nur einen auszug aus den jüngeren versionen giebt, wo A neben diesen noch die aus inneren gründen als die älteste anzuerkennende übersetzung hat, so kann dies doch nur erklärt werden, wenn man annimmt, der schreiber von B habe aus einem glossierten manuscript die ursprüngliche gestalt der LXX ausziehn wollen, habe sich aber mitunter versehen und das kopiert was er hätte weglassen, das weggelassen was er hätte kopieren sollen. ich glaube daſs man sich aus diesen meinen anmerkungen zur übersetzung der Proverbien werde überzeugen können, daſs keine hds der LXX so gut ist, daſs sie nicht oft genug schlechte lesarten, keine so schlecht daſs sie nicht mitunter ein gutes körnchen böte. daraus folgt dann einmal, daſs abdrücke einzelner manuscripte und vergleichungen vieler nicht allein allen dankes werth sondern unumgänglich nöthig sind, sodann aber, daſs die eigentliche arbeit erst da anfängt, wo die der ἀντιβάλλοντες aufhört. kärrner sind keine baumeister, aber die baumeister brauchen kärrner.

es versteht sich von selbst, dafs ich nicht allen den wust herübernehme, der in der grofsen oxforder ausgabe zusammengehäuft ist und den ich leicht aus den versionen und den von mir gelesenen vätern vermehren könnte. wo ich meiner sache nicht sicher war, habe ich lieber ganz geschwiegen als vermuthungen zu markte gebracht. welcher vater wird sich einbilden, dafs andern die kinder gefallen, zu welchen er selbst kein zutrauen hat? ich will hier ein für allemal bemerkt haben, dafs das exemplar aus dem die LXX übersetzten, keine *matres lectionis* hatte, und dafs die drei buchstaben הםה am ende eines wortes nicht selbst geschrieben, sondern durch einen strich am obern ende des ihnen vorhergehenden consonanten ausgedrückt wurden.

zum schlufs dieses vorworts mufs ich noch zweier männer gedenken, deren namen zwar in den allgemeinen einleitungen zum alten testament und den besonderen zu den Proverbien erwähnt zu werden pflegen, deren verdienste aber kein neuerer anerkannt hat. was Georg Joh Ludw Vogel in den anmerkungen zu seinem abdruck von ASchultens übersetzung der Proverbien 1769 und Joh Gottl Jäger [1]) in seinen observationes 1788 geleistet, ist von Schleusner an vielfach ausgeschrieben worden: Schleusner läfst sich hier und da noch herab die würdigen alten zu nennen, nach ihm gelten ihre mitunter gar nicht auf der oberfläche liegenden bemerkungen für herrenloses gut. es hat mir stets grofse freude gemacht Vogel's und Jäger's namen hinter den von ihnen herrührenden observationen anzuführen.

---

[1]) in dem meldorfer programm von 1829 finden sich nachrichten über Jägers leben, auf welche mich herr rector WHKolster aufmerksam gemacht hat. ich entnehme daraus dafs Jäger, am 24 Juli 1731 zu Werdau bei Meifsen geboren, 1744 auf die fürstenschule zu Grimma gebracht wurde und 1750 die universität Leipzig bezog, auf der Jöcher Crusius Ernesti Fischer Reiske und der ältere Bahrdt seine lehrer waren. 1764 wurde er conrector, 1772 rector in Meldorf; 1813 nahm er wegen altersschwäche und unheilbarer harthörigkeit den abschied und starb am 21 November 1818. (vgl CFBahrdt in seiner selbstbiographie I 62 63.) seine berühmtesten schüler sind BNiebuhr und KHarms, der erstere hat ihm 1816 seinen Fronto gewidmet.

1

Für לָקַחַת מוּסַר הַשְׂכֵּל צֶדֶק וּמִשְׁפָּט וּמֵישָׁרִים hatte der 3
Griecbe לָקַחַת מוּסָבֹת לְהַשְׂכִּל צֶדֶק וּמִשְׁפָּט לְמֵישָׁר. denn für מוּסָר steht selbst diesem beweglichen übersetzer *παιδεία* fest. den genetiv *λόγων* ergänzte er als nothwendig, vgl *στρεφόμενα λέγειν* Ernesti lex technol rhetor gr 319, *στρέφειν* Aristot 1368^a 3. 1375^b 11, *στρεπτὴ γλῶσσα* Clemens 120, 45 [Sylburg]: Jäger citiert aus Phaedrus I 14, 4 *verbosae strophae*. nach *λόγων* + *καὶ λύσεις αἰνιγμάτων* yz 68 109 147 157 161 248 [1]): aus [Sirach 39, 3] Sap 8, 8. dem צֶדֶק entspricht in allen hdss und übersetzungen der griechischen version *δικαιοσύνην ἀληθῆ*: ich streiche *δικαιοσύνην*. denn wenn es eine wahre gerechtigkeit giebt, müfste auch eine falsche vorhanden sein. was Drusius observv XIV 4 hat, gehört ebensowenig her, als des Aristoteles ausdrücke 1130^b 6. 31. der übersetzer wufste, dafs *δικαιοσύνη* keine dianoetische tugend ist, und brauchte deshalb neben *νοῆσαι* für צֶדֶק *ἀληθῆ*, vgl LXX Isaj 41, 26 Esdr *α* 8, 86 [= hebr 9, 15]. spätere revision stellte die gewöhnliche übersetzung von צֶדֶק neben die ungewöhnliche, statt letztere zu streichen. *ἀληθῆ* > 157, obelisiert ח [2]). der aramaisierende infinitiv מֵישַׁר hat sein seitenstück an מַסַּע Dt 10, 11: לְמִישֹׁר Zach 4, 7 LXX *τοῦ κατορθῶσαι*. übrigens ist *κατευθῦναι* zu schreiben: Clemens hat 156^2 *εὐθῦναι*, 288^{26} *κατευθῦναι*. es stand wohl *κατευθυνε* da: in der scriptio continua nahm man aus dem folgenden *ἵνα* leicht *ι* hinzu, und erhielt so das sprachwidrige *κατευθύνειν*.

in ח ist aus Symmachus *νηπίοις* für *ἀκάκοις* eingedrungen. 4a
νέῳ strich Jäger gegen alle zeugen als zweite übersetzung 4b
von לְנַעַר. aus Σ wird *νέος* für נַעַר Iob 29, 8 Ps 37, 25 angeführt.

selbstverständlich mit Jäger *τῶνδε* [so Mai] für das *τῶν δὲ* 5a
der drucke; *τῶν τε* A.

---

[1]) y nenne ich die bibel von Alcala, z den von NBrylinger 1550 zu Basel besorgten abdruck der aldina. die erklärung der zahlen suche man bei Holmes und Parsons. | [2]) die syrisch-hexaplarische übersetzung.

7 ἀρχὴ σοφίας φόβος κυρίου, σύνεσις δὲ ἀγαθὴ πᾶσι τοῖς ποιοῦσιν αὐτήν ist ein aus LXX Ps 111, 10 stammender zusatz, welchen Drusius quaest ebr II 80 gegen ABγz אכ ausschied. Clemens hatte ihn schon: wenigstens kommt er 161, 23-27 von den hier unechten worten gleich auf unser 7ᵇ und fügt 53, 31 echtes und unechtes zu dem satz zusammen φόβος κυρίου ἀρχὴ αἰσθήσεως.

8ᵃ παιδείαν Bאה Constitt 20⁵ [meiner ausgabe], νόμους ACפγz. da ich nicht glauben kann der interpret werde מוּסָר anders als mit dem technischen ausdrucke παιδεία übersetzt haben, halte ich νόμους für echt, und glaube man habe כְּמוּסַי für מוּסָר zu finden gemeint.

9ᵃ δέξῃ Bγzאה, ἕξῃ Aכ.

10 Clemens citiert 57⁵¹ nicht den ganzen vers, sondern verbindet 10ᵃ mit 15ᵃ. Sylburgs text scheint fehlerhaft: das zweite μηδὲ πορευθῇς ist in μηδὲ βουληθῇς zu ändern oder zu streichen. so bleibt aus Clemens nur zu 10ᵃ υἱέ, μή πλανήσωσί σε οἱ ἁμαρτωλοὶ zu notieren: οἱ ἁμαρτωλοὶ für חַטָּאִים gehört wohl einer revision, die ἄνδρες ἀσεβεῖς zu frei fand.

10ᵃ אִם μή = אַל.

11ᵃ לָּךְ + vor לְכָה | כְּאַרְבֵּה hat der interpret nicht gelesen, sondern כַּעֲרָבָה oder כְּהַבְרָה | nach αἵματος + Clem 57⁵² ἀθώου: es spukt schon Isaj 59, 7 (s zu 16) und die deutung auf Jesus.

11ᵇ zu נִצְפְּנָה ist פַּח oder רֶשֶׁת zu ergänzen: der übersetzer gab צָפַן den sinn unter die erde bringen und nahm לְ in לְנָקִי als accusativzeichen: sein dialekt war also ein aramäischer.

12ᵃ καταπίωμεν ABγzאכ, ἀφανίσωμεν Clem 58¹ | der Syrer construiert noch richtig: wie die unterwelt die lebendigen; da der Grieche nicht ζῶντας schreibt, wird er חַיִּים mit dem suffix נִבְלָעֵם verbunden haben.

12ᵇ die züge eines von dem masoretischen nicht verschiednen textes waren unleserlich geworden: der interpret ergänzte mit thunlichstem anschluss an das erkennbare in erinnerung an Ps 34, 17ᵇ וְנִכְרְתָה מֵאֶרֶץ זִכְרָם. man denke wie ähnlich רצוכר und רדיבר aussahen.

14ᵃ κλῆρός σου πεσέτω 248 ˢᶜʰᵒˡ in Parsons' appendix scheint älter als τὸν δὲ σὸν κλῆρον βάλε, denn es setzt יִפֹּל statt תַּפִּיל voraus. σὸς freilich ist unserm interpreten gemäßer als σου | ἐν ἡμῖν AByz, ἐν μέσῳ ἡμῶν 23 252 = בְּתֹכֵנוּ aus einem späteren.

κοινὸν δὲ βαλάντιον κτησώμεθα πάντες ist der echte in 14b
y sich nicht findende, καὶ μαρσίππιον ἓν γενηθήτω ἡμῖν der spätere in 23 fehlende und schon von Jäger als arbeit eines revisors
erkannte text, in welchem ich aus 252 für ἡμῖν lieber πάντων
ἡμῶν = לְכֻלָּנוּ schreiben möchte. ABCzאל haben beide versionen hinter einander. βαλάντιον καὶ πήρα ῥήτορες, οὐ μαρσίππιον Thomas 55, 15.

בְּנִי fehlte dem Griechen: dafs υἱέ μου לח 23 252 254 295 15
297 nicht ursprünglich ist, erhellt daraus, dafs unser übersetzer בְּנִי
blos υἱέ zu geben pflegt. so haben hier א 296, allein diese zwei
zeugen können gegen die grofse zahl ihrer gegner schwerlich in
betracht kommen. בְּנִי scheint mir ein späterer zusatz zu sein,
welcher andeuten sollte, dafs jetzt nicht mehr die gottlosen spre-
chen | ὁδοὺς Ayzא Clem 57^{51} Lucifer Spec 68 161 248 254 296,
ἐν ὁδῷ Bל Clem 202^{35} = בְּדֶרֶךְ | τὸν πόδα σου Byz dem sprach-
gebrauch unsres freundes weniger entsprechend als τὸν σὸν
πόδα A.

der vers fehlt in Bל Clem Lucif Specul, während Ayz mit 16
unbedeutenden änderungen die übersetzung der originalstelle Isaj
59, 7 herübernehmen. Orig IV 505^c *veloces pedes eorum ad
effundendum sanguinem vel in Esaia invenies vel in Proverbiis.*
אח haben den vers, welchen unser so origineller interpret gewifs
anders gegeben hätte als das dumme geschöpf, das die übersetzung
des Isajas verübt hat: entscheidend ist, dafs dem ταχινοὶ die von
der masoretischen abweichende punktation וִימַהֲרוּ zu grunde liegt:
es mufs für höchst unwahrscheinlich gelten, dafs zwei verschiedne
übersetzer gleichmäfsig auf diese von der überlieferung ihres volks
abgehende aussprache gekommen sein sollten. der vers gewinnt
an interesse durch Rom 3, 15 vgl FLucas notatt § 89 Kennikott
dissert generalis 202-207 ed PJBruns. gegen seine echtheit
spricht auch, dafs die minuskeln welche ihn haben, ihn verschieden (bald vor bald nach 17) stellen und 23 ihn aus Rom 3, 16.
17 vermehrt.

οὐ ist nicht zusatz, vgl 20, 8^b. 17

לְדָמָם οἱ φόνου AByzאל Orig III 7^a = לְדָמִים richtig, αἱμά- 18a
των ח 23 Clem 202^{36} (oder οἱ αἱμάτων 252) stammt von einem

revisor | *μετέχοντες* entspricht einer form eines der zu 11 genannten verba.

18b *κακὰ* bis *κακὴ* > hebr 23 y Lucif, רָעָה וְאַחֲרִית אַנְשֵׁי עָוֶן בִּישָׁה?

19a *πάντων τῶν συντελούντων τὰ ἄνομα* AByzאחפ, *παντὸς πλεονεκτοῦντος πλεονεξίαν* 248 aus einem späteren.

19b בְּעָלְיד *τῇ ἀσεβείᾳ* = בְּעַוְלָה (Jäger).

20a הָרִנָּה *ὑμνεῖται* = תְּרֻנָּה. das passivum wird durch das parallele *κηρύσσεται* geschützt, vgl 8, 3.

21a חוֹמִיּוֹת תִּקְרָא *τειχέων κηρύσσεται* = חוֹמוֹת תִּקָּרֵא | *ἐπὶ δὲ πύλαις δυναστῶν παρεδρεύει* ABzאחפ strich Jäger als aus 8, 3 eingedrungen, > y Irenaeus ε 19, 1.

21b hatte der Grieche עָרִים für שְׁעָרִים ohne בָּעִיר?

22a nach *ἂν* kann natürlich nur *ἔχωνται* (ABCy 248 253 260 297) stehn, was (wenn es nöthig schiene) leicht nach 4, 6 in *ἐρῶνται* zu ändern wäre: *ἔχονται* z | *οὐκ αἰσχυνθήσονται* vgl Jalqûth § 931 (der Ps 119, 46 anführt): הִיא יֹשֵׁב וְעֹסֵק בַּתּוֹרָה נֶגֶד הַמְּלָכִים וְהַשָּׂרִים וְאֵינוֹ מִתְבַּיֵּשׁ׃

22b לָהֶם הַכְּסִילִים *ἀσεβεῖς γενόμενοι* = לִהְיוֹתָם כְּסִילִים.

23a תָּשׁוּבוּ לְתוֹכַחְתִּי *καὶ ὑπεύθυνοι ἐγένοντο ἐλέγχοις* = וְיִתְחַיְּבוּ לְתוֹכָחוֹת (oder וְיָחוּבוּ Mischna אָבוֹת 1, 11), vgl ܡܚܝܒ *ὑπεύθυνος* Reliqq 24, 13 [1]).

23b dem übersetzer schwebte ein vers vor *ἐμῆς πνοῆς δὲ ῥῆσιν ὑμῖν προήσομαι*, welcher den zusatz *ῥῆσιν* = *ῥῆμα* Demosth ιθ 118 zu verantworten haben mag. vielleicht ist aber bedenklich erschienen blos *πνοὴν προίεσθαι* zu sagen, da dies an *ψυχὴν* oder *βίον προΐεσθαι* (= späterem *πνεῦμα ἀφιέναι*) erinnern konnte: Eurip Medea 1052 | *ὑμᾶς τὸν ἐμὸν λόγον* AByz Clem α 57, *τὸν ἐμὸν λόγον ὑμᾶς* 23 109 252 der hebr wortstellung entsprechend.

24b Orig IV 96c [2]) *πῶς δύναται διδασκαλίαν ἀνύειν τις χωρὶς τῆς ἁπλούστερον νοουμένης πολυλογίας; καὶ αὐτῆς τῆς σο-*

---

[1]) Rom 13, 8 denkt der apostel in seiner muttersprache: die ähnlichkeit von חבב und חוב bringt ihn zu dem rath לא תְּהוּ חַיָּבִין אלא לחבובי. | [2]) Jäger verweist auf Thomas *μηκύνω τὸν λόγον κάλλιον ἢ ἐκτείνω* [230, 10 Ritschl]. die ausleger bei Bernard 614 zeigen, dass Thomas irrt. im Heliodor [ε 1 = 122, 14 Bekker] steht jetzt *λανθάνω* für das von Sallier gelesene *ἐκτείνω*. vgl FField zu Chrysost homm in Paulum II 576.

φίας φασκούσης τοῖς ἀπολλυμένοις Ἐξέτεινον λόγους καὶ σὺ προσείχετε. Jäger: *loco signi* [beim reden Act 26, 1] *rem ipsam exhibent, et* λόγους *interpres maluit quam* χεῖρας, *velut aptius verbis* ὑπηκούσατε προσείχετε.

der Grieche עֲצָתִי וְתוֹכַחְתִּי. 25a

für ἐλέγχοις 103 106 253 λόγοις: sie versahen sich in den 25b
uncialen | ἠπειθήσατε Bה Clem rom α 57, οὐ προσείχετε Aאע yz Clem alex 55[37] Lucif[87] 68 103 106 147 157 248 252 253? 254 260 295 296 297. οὐ προσείχετε wird wegen des schlusses von 24b kaum gestattet sein.

כשאוה ἄφνω = כַּשֹּׁאָה, gebildet wie כַּיּוֹם und bei Buxtorf 27a
2482 belegt. im neuarabischen *fissa* = الساعة في geschwind Eichhorn bibliothek I 689.

ὁμοίως ABγz, ὁμοία Clem rom Lucif. 27b

ἢ ὅταν ἔρχεται ὑμῖν ὄλεθρος ABאע, > Cyzה[sw] Clem 27c
rom α 57 (vgl Cotelier zu der stelle). die unechtheit ist nach Jäger schon durch ἢ bewiesen, welches die worte als duplette kennzeichnet. von rechts wegen müſste man in ihnen eine zweite übersetzung des unmittelbar vorhergehenden sehn, allein sie gehören wohl zu 27a. der revisor nahm anstoſs an der übersetzung von בְּבֹא durch ὡσὰν ἀφίκηται (vergangenheit) und daran, daſs פַּחַד 26 ὄλεθρος und 27 θόρυβος gegeben war. sein fabrikat wurde tiefer hinabgerückt, weil man ein parallelglied zu 27c zu haben wünschte.

κακοὶ streiche ich gegen alle zeugen als den zusatz eines 28b
christen, welcher den widerspruch mit Mth 7, 7. 8 ausgleichen wollte.

in 29a ist σοφίαν für דַּעַת ungewöhnlich und aus A 296 29
ebensogewiſs παιδείαν in den text zu setzen als 29b φόβον mit yzאהע 23 68 103 106 109 147 157 161 248 252 253 254 295 296 297 Clem rom und nicht λόγον AB Cypr Lucif Augustin zu schreiben ist. λόγον und σοφίαν halte ich für korrekturen eines christen. schon 24 erinnerte an Jesus Mth 23, 37 vgl 11, 16-19: die letzten verse des kapitels bezog man auf die hypostatische weisheit und änderte dieser beziehung zu liebe ausdrücke, welche man deutlicher oder bequemer wünschte.

לַעֲצָתִי und תּוֹכַחְתִּי. 30

31[b] ἀσεβείας AByzאת, ἐπιθυμίας ח 23 252 295 297 in erinnerung an Ps 103, 5. ἀσέβεια kann nicht מוֹעֵצָה = موعظة übersetzen: der Grieche dachte an ܡܣܪܒܢ ἀντιλέγειν, vgl معصية: umgekehrt רשע ἀντιλογία Iob 20, 29 Σ.

32[a] מְבֻשׁוֹת für מְשׁוּבַת: vgl ܡܣܬܠܡܢܘ ἀδικία Didasc 1, 15.

32[b] שַׁלְוַת ἐξετασμὸς = einem derivat von שָׁאַל (MGeyer), etwa שְׁלוּת Buxtorf 2301.

33[a] für κατασκηνώσει ἐπ' ἐλπίδι hat Clem 162[35] ἀναπαύσεται ἐπ' εἰρήνης πεποιθώς, ebenso (nur εἰρήνῃ) 229[9]. und 181[4] ὁ δὲ ἐμοῦ ἀκούων κατασκηνώσει ἐπ' ἐλπίδι πεποιθώς. ἡ γὰρ τῆς ἐλπίδος ἀποκατάστασις [180[36]] ὁμωνύμως ἐλπὶς εἴρηται· διὸ [so statt διὰ] τοῦ Κατασκηνώσει τῇ λέξει παγκάλως προσέθηκε τὸ Πεποιθώς, δεικνὺς τὸν τοιοῦτον ἀναπεπαῦσθαι, ἀπολαβόντα ἣν ἤλπιζεν ἐλπίδα. διὸ καὶ ἐπιφέρει Καὶ ἡσυχάσει ἀφόβως ἀπὸ παντὸς κακοῦ. auch 248 hat ἀναπαύσεται ἐν εἰρήνῃ πεποιθώς. mir scheinen verschiedne übersetzungen von בֶּטַח und שַׁאֲנַן zu Einem ganzen verbunden worden zu sein.

2

1 אֲמָרַי וּמִצְוֺתַי ῥῆσιν ἐμῆς ἐντολῆς = אֹמֶר מִצְוֺתַי.

2[b] echt παραβαλεῖς δὲ αὐτὴν ἐπὶ [oder εἰς 252 295 Clem 116[26]] νουθέτησιν τῷ υἱῷ σου. revisor καὶ παραβαλεῖς καρδίαν σου εἰς σύνεσιν. AByzאתע Clem haben beide texte und zwar alle den echten an zweiter stelle, wo ihn ח obelisiert. Jäger erkannte den sachverhalt und sah, dafs die echte version תַּטֶּה לִבְּךָ voraussetze. in 3[a] fand man die mutter [1]).

3[a] σοφία für בִּינָה ist an sich schon bedenklich und wird dadurch noch bedenklicher dafs Clem 121[41] φρόνησις gehabt zu haben scheint. בִּינָה φρόνησις galt unserm freunde sicher als unabänderlich feststehender terminus technicus, σοφία ist die korrektur eines christen.

3[b] echt τὴν δὲ αἴσθησιν ζητήσῃς μεγάλῃ τῇ φωνῇ, revisor καὶ τῇ συνέσει δῷς φωνήν σου. der echte text ist aus B[text]א ganz verschwunden, in Aתע steht er nach dem späteren und zwar in ח obelisiert. Jäger erkannte den sachverhalt: er macht geltend

[1]) auf den targum machte schon Cappellus crit sacr V 2, 2 aufmerksam ואשא לבינתא תקרא. vgl aber auch talmud ברכות 57[a]: הבא על אשה בחלום יצפה לבינה שנאמר כי אם לבינה תקרא.

unser übersetzer gebe auch 1, 20. 8, 1 der phrase διδόναι φωνὴν aus dem wege, habe aber 26, 25 für יְחַנֵּן קוֹלוֹ δέηται μεγάλῃ τῇ φωνῇ; Clemens scheine nur den echten text zu kennen.

echt νοήσεις θεοσέβειαν Clem 121^{42}, συνήσεις φόβον κυ- 5^a
ρίου ABy zאהע.

echt καὶ αἴσθησιν θείαν εὑρήσεις Clem 121^{43} Orig I 718^d 5^b
= *sensum divinum invenies* Rufin Orig I 53^e 195^a III 42^d 881^d, revisor καὶ ἐπίγνωσιν θεοῦ εὑρήσεις ABy zע. vgl Orig IV 366^b κατὰ τὰς λεγομένας ὑπὸ τοῦ Σολομῶντος θείας αἰσθήσεις.

ἐκ τοῦ ἑαυτοῦ στόματος hat dem מִפִּיו entsprechend Clem 6^b
121^{46}, derselbe 23^{42} ἀπὸ προσώπου αὐτοῦ [also מִפָּנָיו (Vogel)] wie ABy zאהע. nach ה ^{rand} ἐκ τοῦ ἑαυτοῦ στόματος ᾿ΑκΣΘΕ. die änderung hat vielleicht einen dogmatischen grund: man mochte מַלְאַךְ פָּנִים Isaj 63, 9 und רוּחַ פִּי יְהוָה irgendwie einander gegenüberzusetzen gewohnt sein.

κατορθοῦσι σωτηρίαν ABy zאהע, echt δικαίοις βοήθειαν 7^a
Clem 121^{47}.

לְהֹלְכֵי תֹם τὴν πορείαν αὐτῶν = לַהֲלִיכָתָם (Vogel). 7^b

אָרְחוֹת מִשְׁפָּט wurde vom revisor ὁδοὺς δικαιώματος über- 8^a
setzt; so 23. der echte text lautete wohl ὁδὸν δικαιωμάτων. δικαιωμάτων alle außer 23, ὁδὸν ACyz 68 106 147 157 161 248 252 253, ὁδοὺς Bאהע.

κατορθώσεις ist nicht zeitwort, sondern mehrheit von κα- 9^a
τόρθωσις, daher das komma vor πάντας gesetzt werden muſs. der interpret verband hier die im masoretischen text 1, 3^b bei einander stehenden hauptwörter.

ἀγαθοὺς ABy zהע, ἀγαθοῦ 23 wegen des status constructus 9^b
מַעְגַּל der Masoreten.

den adjektiven καλὴ und ὁσία entspricht im hebr nichts: 11
obwohl sie bei allen zeugen stehn, möchte ich sie für unecht halten, da βουλὴ und καλή, [ἔνν]οια und ὁσία ähnlich genug aussehn. die worte könnten so entstanden sein, wie 31, 11 καλῶν aus σκύλων entstanden ist.

תַּהְפֻּכוֹת μηδὲν πιστὸν ABy zאה ^{rand} ע, διεστραμμένα ה 23 dem 12^b
hebr genau entsprechend.

ὦ zu anfang yzע 23 68 106 161 248 252 296 297, > ABאה 14^a
nach dem hebräischen.

14ᵇ καταστροφῇ für διαστροφῇ nur y | κακῶν 106 für κακῇ könnte änderung nach dem hebr sein.

17ᵃ ἀπολείπουσα richtig Bzy 68 106 157 161 252 260 295, ἀπολιποῦσα Aℵח wegen des flgden ἐπιλελησμένη | διδασκαλίαν AByz, μάθησιν 23 aus Σ.

18ᵃ ἔθετο verlangt שָׁתָה oder שָׂמָה.

18ᵇ μετὰ τῶν γηγενῶν und παρὰ τῷ ᾅδῃ sind verschiedne übersetzungen von אֶל רְפָאִים. aus ח[rand] wissen wir daſs ʼΑκΣ ʽΡεφαεὶν gehabt, ΘΕ ܓܢܒܪ̈ܐ: danach scheint παρὰ τῷ ᾅδῃ die echte lesart zu sein. die zeugen verbinden beide übersetzungen, nur hat 103 γηΐνων für γηγενῶν, vgl ANauck euripid studien I 68 | τοὺς ἄξονας AByzח[rand]; wer dafür αἱ τροχιαὶ schrieb (ח 23 109), faſste 18ᵇ als neuen satz mit besonderm subjekt.

19ᵇ daſs wir eine doppelte übersetzung haben, wollte Jäger nicht einsehen. die echte οὐ γὰρ καταλαμβάνονται ὑπὸ ἐνιαυτῶν ζωῆς setzt יִשָּׂגוּ מְסִבּוֹת voraus. in der jüngeren οὐδὲ μὴ καταλάβωσι τρίβους εὐθείας fällt εὐθείας als nicht nach erwartung wörtlich auf: ἀγαθὰς dafür 23. ich halte ευθ von εὐθείας für wiederholung des ους von τρίβους und ändre das übrigbleibende ειας in ζωῆς. man bedenke, daſs die jüngere übersetzung zuerst am rande gestanden haben muſs, und daſs also ihr letztes wort besonders leicht undeutlich werden konnte: glaubte aber der schreiber zwei zeilen verschiednen sinnes vor sich zu haben, die beide von Salomon herrührten, so durften sie nicht beide mit ζωῆς endigen; daher las man aus den verwischten zügen ein mit τρίβος häufig verbundenes adjectiv heraus.

20ᵃ die abkürzung כב׳ löste der übersetzer falsch in כְּבָה auf oder übersah den strich.

21 echt χρηστοὶ ἔσονται οἰκήτορες γῆς, ἄκακοι δὲ ὑπολειφθήσονται ἐπ᾽ αὐτῆς [ἐν αὐτῇ A]: nur diese übersetzung y Clem rom α 14 alexandr 174[22]. revisor ὅτι εὐθεῖς κατασκηνώσουσι γῆν καὶ ὅσιοι ὑπολειφθήσονται ἐν αὐτῇ: nur diesen text Bℵ. Aחyz[usw] verbinden beide versionen.

22ᵃ Ps 1, 6 (Jäger).

3

1ᵃ ἐμὸν νόμον 103 wie die Masoreten; aber ἐμῶν νομίμων ABz, ἐμῶν θεσμῶν Clem 116[23], ἐμῶν νόμων y 68 161 248 253 297 setzen תּוֹרֹתַי voraus.

die randlesart von א ist aus dem Syrer genommen. 1b

die worte כָּתְבֵם עַל־לוּחַ לִבֶּךָ hatte der Grieche nicht: der 3
ihnen in Aאyz[mw] entsprechende satz γράψον δὲ αὐτὰς ἐπὶ πλακὸς [τὸ πλάτος Aא] καρδίας σου stammt nach ח aus Theodotion. er steht in den hdss bald hinter τραχήλῳ, bald hinter χάριν, zum beweise dafür, daſs er vom rande durch schreiber hereingekommen ist, welche die stelle nicht kannten, an der sie ihn hätten einfügen müssen. die worte sind aus 7, 3 nach 3, 3 und zum theil auch nach 22, 20 verschlagen und τρισσῶς 22, 20 ist wieder veranlassung zur erweiterung auch unserer stelle geworden; vgl 8, 12. Clemens 153[17] ἐλεημοσύναι καὶ πίστεις καὶ ἀλήθεια κτἑ. [1]).

וּמְצָא חֵן zu 3 gezogen | וְשֵׂכֶל καὶ προνοοῦ = וְשַׂכֵּל (Dru- 4a
sius fragm 1093).

Clem 229[10] erweitert aus Mth 22, 37 = Dt 6, 5. 5a

ἐπαίρου (alt επερου) ändre ich in ἐπερείδου (Iob 8, 15), 6b
wie hier aus Θ angemerkt wird | zwischen 6 und 7 steht (mit unbedeutenden varianten) 23[b] in א 103 252 253 254 260 295 Clem 155[22 25], vgl Mth 4, 6 = Ps 91, 12[b].

Clem 155[27] mit einer durch Mth 10, 28 veranlaſsten erwei- 7b
terung φοβοῦ δὲ τὸν μόνον δυνατὸν θεόν | θεόν AByzℨClem, κύριον אח 23 103 252 253 254 260 295 297 Basil = יְהוָה.

für לְשָׁרֶּךָ der Grieche לִבְשָׂרֶךָ oder לִשְׁאֵרֶךָ (Vogel): לשארך 8a
auch im Jalqûth, vgl zu 22.

ἐπιμέλεια hat JSSemler epist ad Griesbachium 1770 p 22 in 8b
πιμέλεια geändert, da Σ πιότης habe, vgl 13, 4: ich kenne nur πιμελή.

was der Grieche mehr hat als unser masoret text, ist in er- 9a
wägung von Dt 23, 19 hinzugefügt.

σίτου ist zu schreiben, denn der Grieche fand שֶׁבֶר für שָׂבָע: 10a
πλησμονῆς ist korrektur: unsere hdss verbinden πλησμονῆς σίτου oder σίτῳ.

Orig III 355[d] entspricht *noli esse pusillanimis* einem sonst 11b
hier nicht nachweislichen μὴ ὀλιγοψύχει statt μὴ ὀλιγώρει: μὴ ἀποδοκίμα[σον?] 252[rand] stammt aus Aquila.

---

[1]) DHuet citiert zu Orig III 445[c] Aeschyl Prometh [789] ἐγγράφου μνήμοσιν δέλτοις φρενῶν, Pindar Olymp [10, 2] πόθι φρενὸς ἐμᾶς γέγραπται, Terenz Andria [283] *scripta illa dicta sunt in animo Chrysidis.* falsch vgl Hippolyt [1, 11 Lagarde = Epiphan λα 174[d]].

12ᵃ richtig Bח[rand] ἐλέγχει, aus Hebr 12, 6 Apoc 3, 19 ist in Ayz כחא παιδεύει eingedrungen: so auch 23 68 103 106 109 147 157 161 248 252 254 260 295 297 Clem rom α 56 alex 54^{5} Basil.

12ᵇ יַכְאִב μαστιγοῖ δὲ = וּכְאָב Cappell crit sacr II 3, 5: IDMichaelis bemerkt zu Hebr 12, 6 daſs LXX מַכְאֹב Ps 32, 10 μάστιξ übersetzen | πάντα > 106 wohl in folge einer vergleichung mit dem hebr.

13ᵃ ἄνθρωπος ABy zכח Clem 57^{9}, ἀνὴρ 254 Clem 153^{14}, keines von beiden 295.

13ᵇ εἶδε Byzא = ιδεν A = εἶδεν Clem 153^{14}, οἶδε 103 106, ἔσχε ח, εὗρε ט Clem 57^{9}.

15 ziemlich = 8, 11. EGrabe sah daſs eine doppelte übersetzung vorliegt, irrte aber, als er die beiden in den hdss zuletzt stehenden stichen mit der bemerkung *alia interpretatio* versah. echt εὔγνωστός ἐστι πᾶσι τοῖς ἐγγίζουσιν [1]) αὐτῇ, οὐκ ἀντιτάξεται [2]) αὐτῇ οὐδὲν ποθητόν: denn ποθητὸν ist mit Grabe für das überlieferte πονηρὸν zu schreiben. 15ᵃ lautete für den interpreten נִקְרָה הִיא לִפְנִיָּה [3]), in 15ᵇ hatte er הַפְּנִים. revisor τιμιωτέρα δέ ἐστι λίθων πολυτελῶν, πᾶν δὲ τίμιον οὐκ ἄξιον αὐτῆς ἐστιν. in y fehlt der alte text ganz, die übrigen haben die reihenfolge revis ᵃ echt ᵇᵃ revis ᵇ.

16ᵃ Jäger sah daſs καὶ ἔτη ζωῆς aus 2 stammt.

[16] nach 16 hat der Grieche einen vers, dessen erste hälfte mit Isaj 45, 23ᵃ identisch ist, dessen zweites hemistich auf Prov 31, 26 zurückgeht (Jäger). hebräisch muſs dagestanden haben מִפִּיהָ
יָצְאָה צְדָקָה תּוֹרָה וְחֶסֶד עַל לְשׁוֹנָהּ. Prov 31, 26 fehlen unserm freunde die betreffenden worte, Isaj 45, 23ᵃ wird an seinem ort anders übersetzt als hier. übrigens bedeutet צְדָקָה (vgl صدق) beim propheten nicht *gerechtigkeit*, sondern *ein wahres wort*, wie der parallelismus דָּבָר לֹא יָשׁוּב zeigt. hat der prophet seinen ausdruck aus unsrer ihm noch vollständiger vorliegenden stelle entlehnt? | φορεῖ ABz, φέρει y 68 106 161 248 253 296.

---

[1]) τοῖς ἐφαπτομένοις 23. gleich darauf αὐτήν z. | [2]) oder ἀντιτάσσεται Az 68 103 106 109 147 157 248 253 254 260 295 296 297. Jäger vergleicht Epikur bei Diogenes X 22 ἀντιπαρετάττετο πᾶσι τούτοις τὸ κατὰ ψυχὴν χαῖρον mit Cicero fin II 30 *compensabatur cum his omnibus doloribus animi laetitia.* | [3]) vgl. הֲיִקְרְךָ דְבָרִי καταλήψεταί σε ὁ λόγος μου Num 11, 23. sollte εὐάλωτος für εὔγνωστος zu lesen sein?

πᾶσαι αἱ τρίβοι yz, *πάντες οἱ τρίβοι* AB, *πάντες οἱ ἄξονες* 17b
23, *αἱ ἄξονες* 161 rand. für נְתִיבָה נָתִיב haben LXX stets *τρίβος* mit ausnahme von Prov 7, 25b Iob 19, 8. 24, 13. aber Prov 7, 25 werden die in B fehlenden worte durch den gebrauch von *ἀτραπὸς* als unecht, durch ח als eigenthum Theodotions erwiesen. Iob 19, 8b schwankt die lesart (*ἐπὶ πρόσωπόν μου* Bz, *ἐπὶ δὲ ἀτραπούς μου* A, *ἐπὶ προσώπου μου* y) und ich möchte was A bietet, vorläufig für spätere korrektur halten. so bleibt nur Iob 24, 13 mit נְתִיבָה *ἀτραπὸς* übrig. denn Iob 41, 24a fehlte dem Griechen sicher [1]) und Iud 5, 6 הֹלְכֵי נְתִיבוֹת wahrscheinlich.

Clem 249[5] *δένδρον ἀθανασίας ἐστὶ τοῖς ἀντεχομένοις αὐτῆς*: 18a
gegen Rufin Orig II 151f 266e.

aus תֹמְכֶיהָ wiederholte der interpret כְּיָה, daher *ὡς ἐπὶ κύ-* 18b
ριον | das grammatisch unmögliche מְאֻשָּׁר war sicher mit einem abkürzungsstrich geschrieben: der Grieche löste מְאֻשֶּׁרֶת auf und mufste deshalb לְתֹמְכֶיהָ annehmen.

ἐν vor *σοφίᾳ* Orig III 171b Euseb Gregor nyss Didym, vor 19
φρονήσει dieselben und Athanas yz 68 103 106 109 147 157 161 248 252 253 254 260 295 296. verdächtig weil es = בְּ ist, und weil es zu dogmatischen düftcleien späterer zeit pafst.

θεὸς AByzאח rand ע Orig III 8d, *κύριος* ח 161 rand = יְהוָה. 19a

aus FSylburgs index stammen die citate Clem 105[52] *πα-* 21
ραρρυῶσι τῆς ἀληθείας und 119[11] *πολλὰ παρερρύηκεν ἡμᾶς χρόνου μήκει ἀγράφως διαπεσόντα*: sie helfen uns nichts, da *παραρρυῆναι* hier wie Hebr 2, 1 völlig absolut steht. nach ע kann wohl aus einem späteren لا تسقط هذه من امام عينيك. א kennt *μὴ παραρρυῇς* nicht; denn was Zohrab am rande hat, *մի լքանիցիր* und *լուծանիցիս*, erweist sich schon dadurch als nachtrag, dafs das griechische wort in zwei verschiednen übersetzungen erscheint. *ρρυης* von *παραρρυῇς* rührt von dem *ρρυης* des unmittelbar darüberstehenden *ἐρρύησαν* her: wie das übrig bleibende *παρα* zu ergänzen sei, ist darum anzugeben unmöglich, weil auch *τήρησον δὲ* 21b verdächtig, der plural יָלֻזוּ unrichtig, das zeitwort לוז bisher noch unerklärt ist, also aller anhalt für eine emenda-

[1]) während ein theil von 24b doppelt da ist. aus לסיבה wurde einmal ללשבת *εἰς περίπατον*, das andre mal לסביה oder כשביה *ὥσπερ αἰχμάλωτον*. später baute man aus den trümmern der zwei übersetzungen zwei hemistichien.

tion fehlt. dem Syrer galt בְּצַר mit recht als infinitiv und als subjekt des ganzen verses. als zeitwort hatte er noch einen singular, den er von ܢܠ = نل ableitete (Vogel) [1]).

22a *ἵνα ζῇ σὴ ψυχὴ* 147 252 halte ich für echt, weil unser interpret lieber *ἐμὸς σὸς* als *μοῦ σοῦ* sagt: *ἵνα ζήσῃ ἡ ψυχή σου* ABγz ist nicht eine neue übersetzung (für eine solche ist sie nicht wörtlich genug), sondern eine stylverbesserung. die neuere version *ἵνα ᾖ ζωὴ τῇ σῇ ψυχῇ* bilde ich mir aus *ινα η ζωη η ση ψυχη* 23.

[22] die worte *ἔσται* bis *ὀστέοις* sind nach Jäger aus 8 eingeschleppt. das echte *τοῖς σοῖς ὀστέοις* hat sich hier in Bγ erhalten, *τοῖς ὀστέοις σου* Az 103 106 109 147 157 252 253 254 295 297. dafs es *σαρξὶ* heifst (לִבְשָׂרֶךָ), bestimmt mich zu der annahme dafs *σώματι* 8 nicht ursprünglich ist.

23a לָבֶטַח mit *πεποιθὼς* und dem in 23 fehlenden *ἐν εἰρήνῃ* doppelt übersetzt, vgl zu 1, 33.

24a תִּשְׁכַּב *καθῇ* = תֵּשֵׁב (Hitzig).

26a בְּכִסְלֶךָ *ἐπὶ πασῶν ὁδῶν σου* = בְּכָל־מְסִלּוֹתֶיךָ: an מְסִלָּה 16, 17 dachte schon Jäger.

26b *ἐρείσει* ABγzאע, richtig *τηρήσει* 23 297 ח | *σαλευθῇς* änderte Semler in *ἀγρευθῇς*, auch *συλληφθῇς* wäre möglich.

27b *βοηθεῖν* Bאהעγz Pseudo-Orig I 830[d], *ευ ποιει* A, was wohl *εὖ ποιεῖν* (nicht *εὖ ποίει*) heifsen soll. *εὖ* ist als aus *ου* des vorhergehenden *σου* unschwer entstandene erleichterung der wörtlichen übersetzung *ποιεῖν* = לַעֲשׂוֹת zu streichen.

28a לְרֵעֲךָ fehlt dem Griechen: ich halte es für den zusatz eines Juden, dem das gebot zu allgemein ausgedrückt war.

[28] *οὐ* bis *ἐπιοῦσα* aus 27, 1 (Jäger): alle zeugen haben den zusatz.

29b gern striche ich *καὶ* vor *πεποιθότα*, denn im indicativ hätte der mann doch *παροικεῖ πεποιθὼς* gesagt: allein der sprachgebrauch könnte die ungenauigkeit gefordert haben. im Deutschen sagen doch nur offenbare narren *du hättest thun gesollt*, obwohl es *du hättest gesollt* heifst.

31a תְּקַנֵּא *κτήσῃ* = תִּקְנֶה (Jäger) | *κακῶν ἀνδρῶν ὀνείδη* klingt mir wie eine reminiscenz aus einem tragiker, welcher wendungen nachahmte wie *μέγα σθένος Ἠετίωνος, ἱερὴ ἴς Τηλεμάχοιο*,

---

[1]) Ps 12, 9 כרם זלות aus ܗܘܢܐ ܕܬܠܝܐ ܘܡܬܠܐ zu erklären = *μετεωρολογία* Clemens recogn 128, 35.

βίῃ ἡρακληείῃ. so sind κακῶν ἀνδρῶν ὀνείδη nichts als κακοὶ ἄνδρες. der plural der Griechen verallgemeinert wie der singular der Hebräer.

οὐ > 106, Grabe wollte es streichen: es ist aus dem gleich 32[b]
folgendem σου enstanden. in συνεδριάζει ist Jahve subjekt. Jalqûth [rand] כתיב בתריסר: etwa Amos 3, 7?

θεοῦ AB?, κυρίου אחyz 23 68 103 109 252 253 295 = 33[a]
יְהוָה. יְבָרֵךְ εὐλογοῦνται = יְבֹרָךְ (Jäger).

= wenn es sich um spötter handelt (gegen spötter geht), so 34[a]
spottet [auch] er: vgl Ps 18, 27. ἀντιτάσσεσθαι in demselben sinne wie 15, allein schon Jacob 4, 6 (Petr α 5, 5) ist es in der bedeutung sich feindlich gegenüberstellen gefaſst.

4

νόμον ABאחע, λόγον yz 68 161 248 korrektur eines christen. 2[b]
רַךְ וְיָחִיד ὑπήκοος καὶ ἀγαπώμενος = מַךְ וְיָדִיד. ich er- 3[b]
schlieſse das dasein von מַךְ aus ܡܟܝܟ: vgl קַר קַל צַר צַח עַז הַל רַךְ רַק תַּם mit ܩܪܝܪ; ܪܟܝܟ ܩܠܝܠ ܨܚܝܚ ܥܫܝܫ ܚܠܝܠ ܪܩܝܩ ܬܡܝܡ ܐܬܡܟܟ. denn רַךְ bedeutet nur zart: ܪܟܝܟ; ἁπαλὸς Geopon 92, 7: ܪܟܝܟܐܝܬ; ἐλαφρῶς 85, 14 ἠρέμα 99, 30: ܪܟ; ἁπαλὸς ἐγένετο 105, 8: ܐܬܪܟܟ ἡπαλύνθη 3, 12 ἐμαλακίσθη 9, 2. aber ܡܟܝܟ χαμαίζηλος 82, 24: ܡܟܝܟܘܬܐ πραότης ταπεινοφροσύνη ἐπιείκεια ἐπιεικές: ܡܟܝܟ ἥττων Geop 65, 21: ܡܟܝܟ ܡܟܟܗ κατήνεγκε Tit Bostr 64, 12.

echt φύλασσε ἐντολάς, μὴ ἐπιλάθῃ μηδὲ παρίδῃς ῥῆσιν 4[b] 5
ἐμοῦ στόματος. also ׳ג שְׁמֹר מִצְוֹת אַל־תִּשְׁכַּח ohne das dazwischen liegende [1]). später ist hinter ἐντολάς entweder καὶ ζῆθι oder καὶ ζήσῃ [2]) eingeschoben und 5 neu übersetzt worden: κτῆσαι σοφίαν, κτῆσαι σύνεσιν, μὴ ἐπιλάθῃ μηδὲ ἐκκλίνῃς ἀπὸ ῥημάτων στόματός μου. LXX haben auch den im wesentlichen mit 5 identischen 7 vers nicht, den Origenes III 13[a] 17[b] 29[ab] 305[a] und Augustin V 1502[fg] übergehn. ich glaube, vers 7 hat einmal in zwei stichen am rande einer hebr hds gestanden, und ist von zwei verschiednen abschreibern dieses manuscripts an verschiednen stellen in den text eingefügt worden. der verstän-

[1]) wer die LXX nach dem masoretischen text in verse eintheilt, muſs 5 vor μὴ ἐπιλάθῃ anfangen lassen. | [2]) alt ζησει geschrieben, also mit dem in 23 und gewiſs auch anderwärts als ζηθι auftretenden ζῆθι sehr leicht zu verwechseln.

digere setzte ihn nach vers 6: ihm war nur das wort hinter רֵאשִׁית unleserlich: er machte aus den verblichenen zügen חָכְמָה, da doch ein mit קִנְיָנְךָ in bedeutung und suffix paralleler ausdruck dagestanden haben mufs. der zweite kopist fand die anfänge der zeilen schon so verwischt, dafs er weder רֵאשִׁית noch וּבְכָל־קִנְיָנְךָ zu entziffern vermochte: natürlich fehlen diese worte in seiner abschrift. aus den vom ersten חָכְמָה gelesenen zügen brachte er וֶחְיֵה heraus und setzte das ganze an das ende unsres jetzigen 4 verses. als man später die beiden abschriften oder kopieen von ihnen verglich, behielt man für die amtliche ausgabe der heiligen bücher das machwerk sowohl des ersten als des zweiten kopisten jener urhandschrift bei.

8ᵃ Jäger verweist auf Pindar bei Plato staat β [365ᵇ] und bei Cicero an Atticus XIII 38 [vgl Valckenaer diatribe in Eurip fragm 194]. bei סַלְסְלֶהָ dachte der Grieche an כַּלֵּה.

10ᵇ echt ἵνα σοι γένωνται πολλαὶ ὁδοὶ βίου (setzt אָרְחוֹת für שְׁנוֹת voraus, vgl 2, 19ᵇ: πολλοὶ χρόνοι wäre eine nicht zu kühne korrektur: über χρόνος jahr Valckenaer diatribe in Eurip fragm 135, vgl Prov 9, 11ᵇ), revisor καὶ πληθυνθήσεταί σοι ἔτη ζωῆς σου. Clemens hat 122³ nur den echten text, welchen Jäger als solchen erkannte: die spätere übersetzung steht in ABy zאהע vor der echten, nur σοι > B.

13ᵃ בַּמּוּסָר ἐμῆς παιδείας = בַּמּוּסָרִי.

13ᵇ ἀλλὰ > A 103 106 usw nach dem hebr.

15ᵃ מִרְעֵמוֹ für פְּרָעֵהוּ: in Jägers מִרְעֵהוּ pafst das suffix nicht.

16ᵇ יַכְשׁוֹלוּ κοιμῶνται = יִשְׁכְּבוּ (vgl Schleusner). natürlich mufste אם unübersetzt bleiben, das tempus verschlug nichts.

18ᵃ נֹגַהּ λάμπουσι = נֹגְהָה (Jäger).

19ᵇ πῶς ABאהעz, ἐν τίνι 23 106 252 = בַּמֶּה, ἐν τίνι πῶς y.

20ᵃ לִדְבָרַי ἐμῇ ῥήσει = לִדְבָרִי. revisor ἐμοῖς λόγοις 23 252.

20ᵇ לַאֲמָרַי τοῖς δὲ ἐμοῖς λόγοις; revisor τοῖς δὲ ἐμοῖς ῥήμασιν 23 252, weil er λόγοις schon in 20ᵃ verwendet hatte.

21ᵃ αἱ πηγαὶ τῆς ζωῆς σου ח 23 252 254 297 (und ohne σου 295) ist echt, da es מַעְיְנֵי חַיֶּיךָ statt מֵעֵינֶיךָ voraussetzt: die lesart αἱ πηγαί σου ABy zאע kann ich nur für eine verstümmelung jener gelten lassen.

21ᵇ echt ἐν σῇ καρδίᾳ Ayz 68 106 109 147 157 161 295 296, ἐν καρδίᾳ B, ἐν τῇ καρδίᾳ σου 23 252 | am ende des verses +

διὰ παντὸς 254 297, was ich für echt halte. nach לְבָבְךָ verschwand den Masoreten בְּכָל־עֵת, da die häufung derselben konsonanten (לבבבבבבבל) ganz geeignet war die kopisten zu verwirren. oder aus 6, 21ᵃ?

πᾶσι vor τοῖς + yz 161 248 260, wohl echt. 22ᵃ

וּלְכָל־בְּשָׂרוֹ καὶ πάσῃ σαρκί = וּלְכָל־בָּשָׂר: revision + 22ᵇ
αὐτοῦ Aπz 23 254, aus dem 109 157 252 297 αὐτῶν machten: 147 z vollendeten die „besserung" zu καὶ πάσῃ τῇ σαρκὶ αὐτῶν.

מִכָּל־ πάσῃ = בְּכָל־. 23ᵃ

ἔξοδοι AByz, προελευσης 252 rand sehr προελεύσεις: aus Σ? 23ᵇ

ἀπὸ σοῦ μακρὰν ἄπωσον A, ἀπὸ σοῦ μακρὰν ἄπωσαι B, 24ᵇ
μακρὰν ἄπωσαι ἀπὸ σοῦ 23 253 254 260, μακρὰν ἀπὸ σοῦ ποίησον 109. wer ἀπὸ σοῦ hinter das zeitwort setzte, wird die hebr wortstellung haben nachahmen wollen.

vgl 3, 6 Mth 3, 3 Hebr 12, 13 (Jäger) | πάσας vor τὰς ὁδούς 26ᵇ
σου + 296 nach dem hebr.

die vier über den hebr text überschießenden reihen ¹) gehn [27]
wohl nicht auf ein semitisches original zurück, sondern sind das werk eines christen der ältesten zeit. über die zwei wege ist viel verhandelt worden: Lagarde reliqq XIX Plutarch Isis 26 ὁ Πλάτων [gesetze δ 717ᵃᵇ?] ὀλυμπίοις θεοῖς τὰ δεξιὰ καὶ περιττά, τὰ δ᾽ ἀντίφωνα τούτων δαίμοσιν ἀποδίδωσιν.

5

die meisten hdss wiederholen hier 4, 20ᵇ: τῇ δὲ φρονήσει 1ᵇ
μου κλῖνον τὸ οὖς σου 23 252.

αἴσθησις δὲ ἐμῶν χειλέων ἐντέλλεταί σοι B, αἴσθησιν δὲ 2ᵇ
ἐμῶν χειλέων ἐντέλλομαί σοι die andern. es fällt auf, daſs beide lesarten vom masoretischen text abweichen (meist stimmt die eine von zweien genau mit ihm), und daſs 2ᵇ nicht mehr von ἵνα 2ₐ abhängen soll. auf alle fälle hatte der interpret שְׂפָתַי לְךָ statt שְׂפָתֶיךָ (Jäger, der יִצְּרוּ für יִנְצֹרוּ vorausgesetzt glaubte).

μὴ πρόσεχε φαύλῃ γυναικί > hebr. 3

זָרָה γυναικὸς πόρνης = זוֹנָה.

---

¹) ὁδοὺς γὰρ τὰς ἐκ δεξιῶν οἶδεν ὁ θεός, διεστραμμέναι δὲ εἰσὶν αἱ ἐξ ἀριστερῶν· αὐτὸς δὲ ὀρθὰς ποιήσει τὰς τροχιάς σου, τὰς δὲ πορείας σου ἐν εἰρήνῃ προάξει.

3b πρὸς καιρὸν liefse sich wohl in πρὸ ἐλαίου = מִשֶּׁמֶן ändern, da eigentlich nur κ und λ vertauscht zu werden brauchten: ebenso möglich ist aber, dafs der interpret וְחֵלֶק מִשֶּׁמֶנֶת חִכָּהּ gehabt. wenn ich nur wüfste, wie alt die astronomische bedeutung von חֵלֶק ist. dafs nämlich σὸν vor φάρυγγα in τὸν zu ändern ist, glaube ich Jäger gern.

4 der Grieche מִמְּלֻנָּה und מֵחֶרֶב.

5 der Grieche רַגְלֶיהָ מוֹרִידוֹת אֵת מָוֶת שְׁאֹלָה וּצְעָדֶיהָ יִתַּמְכֵי. für יִתַּמְכֵי hätte es althebräisch כְּמֵטֵי heifsen müssen. vgl 1, 17 und Isaj 23, 11a wo LXX נְטָה von נטט herleitet, sie schwankt = οὐκέτι ἰσχύει. Jäger erkannte מוֹרִידוֹת (der midrâsch glossiert מוֹרִידָה) und sah, dafs τῆς ἀφροσύνης eine umschreibung des suffixes von רַגְלֶיהָ und = τῆς ἄφρονος γυναικὸς ist: das suffix konnte nicht wörtlich übersetzt werden, weil ein αὐτῆς auf das zunächst stehende μαχαίρας hätte bezogen werden müssen.

6b οὐκ εὔγνωστοι: er nahm לֹא תֵדַע relativisch = welche du nicht kennst (Jäger).

8b ἐγγίσῃς alle gegen Clem 122^{23} ἐπιστῇς | πρὸς θύραις B, προθύραις A, θύραις Clem, προθύροις Schleusner.

9a für הוֹדֶךָ hat der Grieche nicht etwa חַיֶּיךָ gelesen, sondern er hat הוד wie andre כָּבוֹד für seele genommen.

10a μὴ > A 103, mit recht. es ist mir undenkbar, dafs von einem mit פֶּן eingeleiteten satz ein zweiter ebenfalls mit פֶּן anfangender abhängen sollte: der zweite wird durch וְ angeknüpft. kann also פֶּן hier nicht ursprünglich sein, weil es nicht hebräisch ist, so ist es ja sehr möglich, dafs unser interpret es nicht gelesen, also auch nicht übersetzt hat.

11a וְנִחַמְתָּ καὶ μεταμεληθήσῃ = וְנִחַמְתָּ (Vogel) | ἐπ᾽ ἐσχάτων AByאח und mit folgendem σου צz 147 157 254 295 297 ist revision = בְּאַחֲרִיתְךָ: echt ἐπὶ γήρως Clem 122^{24}.

11b בִּכְלוֹת בְּשָׂרְךָ וּשְׁאֵרֶךָ σάρκες σώματός σου = בִּשְׂרֵי שְׁאֵרֶךָ.

12b וְתוֹכַחַת καὶ ἐλέγχους = וְתוֹכָחוֹת. danach + δικαίων 23 252 297 und die eine familie der constitutionen-hdss Constitt 9^{3}, der sich die arabische, aber nicht die aethiopische [11, 15 PPlatt] übersetzung anschliefst.

13a der alte text hat מוֹרַי וּמְלַמְּדַי und zieht beides zu 13a: so Constitt 9. revisor καὶ διδάσκοντί με οὐ παρέβαλον 23 106 109 295.

מְבֹרָךְ ἀπὸ σῶν ἀγγείων = מִפּוּרֶיךָ. ܟܘܪܐ ἀγγεῖον Geopon 15a 23, 14 (ε 52, 2) 99, 3 (ιε 2, 11), κατάκλεισις τουτέστι τὸ πρὸς ὑποδοχὴν ἀγγεῖον 98, 22 (ιε 2, 7), σμηνίον 99, 15 (ιε 2, 15), πάθνη 101, 28 (ιε 4, 1), vgl כְּוֹרֶת Buxtorf 1025 (denn so ist nach كوارة zu punktieren).

μὴ vor ὑπερεκχείσθω > Ayzאט 23 109 147 157 161 248 16a
252 253 254 260 295 297. Origenes erwähnt II 311c die verschiedenheit der lesart ausdrücklich. ich muſs die negation für ursprünglich halten, und denke μὴ ὑπερεκχείσθω entspricht Einem hebr wort, wie 6 οὐκ ἐρείδεται dem הַתְמַבֵּךְ entsprach. der revisor stellte die übereinstimmung der übersetzung mit seinem hebr text dadurch her, daſs er μὴ strich.

vor πλατείας sehr nicht σὰς sondern τὰς. 16b

בָרוּךְ ἰδία AByz, ἡδεῖα 106 Jäger. Vogel vermuthete im 18a
original בדך, er meinte לְבַדֶּךָ.

ἡγείσθω σου und συνέστω σοι müssen verschiedne über- 19a
setzungen des jetzt יְרַוֻּךָ geschriebenen wortes sein. da ינהגך (was auch der Syrer las) ohne weiteres dem ἡγείσθω σου entspricht, συνέστω σοι aber יְרַעֶךָ oder יְרָעֶךָ vorauszusetzen scheint, halte ich συνέστω σοι für echt. übrigens Cappell crit sacr III 17, 15[ende]. aus דַּדֶּיהָ machte der Syrer דְּרָכֶיהָ Dathe opuscula 81 120, die meisten griech hdss ἰδία, ח 23 (wie Schleusner gerathen) φιλία: das wäre דֹּדֶיהָ, aber φιλία zweimal hintereinander?

πολλοστὸς ἔσῃ lieſs Cappellus crit sacr IV 2, 28 einem 19b
תִּשְׂגֶּה (statt תִּשְׁגֶּה) entsprechen, allein Scharfenberg bemerkt mit recht, daſs es vielmehr תָּמִיד ausdrücke. in diesem muſs der interpret eine verbalform gesehen haben, תִּתְמֹדֵד? ich schlieſse aus dem zusammenhange, daſs er πολλοστὸς nicht in der gewöhnlichen bedeutung *gemein gering* gebraucht.

תִּשְׁגֶּה πολὺς ἴσθι = תִּשְׂגֶּה ܣܓܝ Scharfenberg zu Cappellus 20a
p 545.

τῆς μὴ ἰδίας Bכט, ταῖς μὴ ἰδίαις Azא 23 68 106 147 157 20b
161 264 296 297 richtig.

eine übersetzung καὶ ἀπώλετο δι' ἀφροσύνην, die zweite 23b
ἐκ δὲ πλήθους τῆς ἑαυτοῦ ἠλιθιότητος ἐξερρίφη. die hdss haben beide, und zwar die echte vor der späteren. Schleusner erkannte im wesentlichen den sachverhalt, während Jäger die jüngere

version als duplette zu 23a ziehn wollte. ἠλιθιότητος ist conjectur Schleusners, πιότητος 106, βιότης 295, βιότητος die übrigen.

6

1b παραδώσεις σὴν χεῖρα ἐχθρῷ ABγz Clem 168[33], παραδώσεις ἐχθρῷ τὴν σεαυτοῦ χεῖρα 23 252, ἐνέπηξας εἰς ἄλυσιν χεῖρά σου ein scholion bei LBos. keiner der drei hat den plural כַּפֶּיךָ gehabt; man giebt auch nur die hand, nicht die hände. statt לַזָּר hatte der dritte לְזִיר (Schleusner).

2b χείλεσιν ABא[rand]פ, ῥήμασιν Clem 168[34] חγz 252 297, *verbo* Specul = բանիւ א[text], *die übrigen* χείλεσιν ח[rand]. Drusius (von Schleusner citiert) erklärte miscell centur I 100 ῥήμασιν für echt: daſs der übersetzer in dem verse zweimal die lippen vorgebracht haben sollte, ist nicht zu glauben.

3a der Grieche scheint mehr gehabt zu haben als die Masoreten fanden: כִּי בָאתָ בְכַף רָעִים בְּיַד רֵעֶךָ. für κακῶν 106 ἐχθρῶν: hat der Syrer sein leicht in [illegible] zu änderndes ܒܥܠܕܒܒܟ aus einer 106 ähnlichen hds?

3b ἴσθι ABγzאח, ἴθι פ Grabe Wesseling [observv 150 von Jäger citiert], richtig, da לֵךְ übersetzt werden soll | τὸν σὸν φίλον 260 richtiger als τὸν φίλον σου der übrigen.

4b ἐπινυστάξῃς ABγz Orig II 768d, νυσταγμὸν derselbe II 552d, *dormitationem* III 903e. ein hauptwort אח, ein zeitwort פ. sehr mit Schleusner ἐπινυστάξεις.

7a קָצִין γεωργίου = קָטִין: Syrer und Chaldäer קָצִיר (Bochart hieroz II 593). über קָטִין Buxtorf 2018, قاطن bewohner פ Prov 2, 21.

[8] ἢ πορεύθητι πρὸς τὴν μέλισσαν καὶ μάθε ὡς ἐργάτις ἐστὶ τήν τε ἐργασίαν ὡς σεμνὴν ¹) ποιεῖται ²). ἧς τοὺς πόνους βασιλεῖς καὶ ἰδιῶται πρὸς ὑγίειαν προσφέρονται. ποθεινὴ δὲ ἐστι πᾶσι καὶ ἐπίδοξος. καίπερ οὖσα τῇ ῥώμῃ ἀσθενής, τὴν σοφίαν τιμήσασα προήχθη. > γ. die des parallelismus membrorum entbehrende form und die idiomatisch griechischen ausdrücke beweisen, daſs dieser zusatz keine übersetzung ist. vgl CLValckenaer

---

¹) an σεμνὴν nahm SBochart mit recht anstoſs. ח hat ܪܚܡܬܐ, ἐραστὴν oder ἐρασμίαν? | ²) ποιεῖται ABzא, ἐμπορεύεται ח 23 252 Constitt 95[12].

zu Eurip Phoenis 30. ἐργάτις Aristot 627ᵃ 12 Lucian 6, 7 Anthol ϑ 404, 8: ἐργασία Arist 623ᵇ 26. 624ᵇ 8. 625ᵇ 24. 626ᵇ 29: ἐργάζεσθαι 553ᵇ 21. 624ᵇ 31. 34. 625ᵇ 22. 626ᵇ 8. 11. 23. 627ᵃ 6. 7. 9. 21. 30. 627ᵇ 1: ἐργατικὸς 622ᵇ 19. 627ᵇ 9: ἔργον 625ᵇ 18. 626ᵃ 1. 627ᵃ 20: ὄργανον Sophocles bei Clemens 204, 33. πόνος Geopon ιε 3, 5 vgl πόνημα Eurip Iphig taur 165, κάματος Hesiod werke 303. προσφέρεσθαι Athenaeus β 26. σοφὴ Plutarch moral III 326 [Tauchnitz] Lucian 6, 7 Geopon ιε 3, 1.

ἐγερθήσῃ ABγz, ἀναστήσῃ 260, was sonst ʼAκΣΘ zuge- 9ᵇ
schrieben wird.

ὀλίγον δὲ κάθησαι, dem im hebr nichts entspricht, müſste 10ᵃ
מְעַט שֶׁבֶת gelautet haben. diese worte sind dem vorhergehenden מְעַט שֵׁנוֹת so ähnlich, daſs sich denken lieſse, sie seien vom schreiber des masoretischen archetypus um dieser ähnlichkeit mit den vorhergehenden willen übersehn worden.

das im niedersemitischen für κακὸς gebräuchliche wort באשׁ 11
sieht dem ראשׁ so gleich, daſs man sich erklären kann, wie abschreiber es vor רֵאשֶׁךָ übersahen. gerade die Proverbien kennen √ באשׁ in der bei den Aramäern üblichen bedeutung: הִבְאִישׁ 13, 5: מֵבִישׁ 10, 5. 12, 4. 14, 35. 17, 2: denn dies denkt nicht daran, von בּוֹשׁ ܒܗܬ herzukommen, sondern ist ein durch die punktation verdunkeltes מַבְאִישׁ, wie die Syrer ܒܝܫ trotz ܒܐܫ und ܐܒܐܫ ohne Olaf schreiben. vgl zu מְשׁוּבָה 1, 32ᵃ.

der zusatz ist nichts als ein echt jüdisches spiel mit dem 11 [11]
vers des masoretischen textes: man deutete aus den worten ihr gegentheil heraus. ἐὰν δὲ ἄοκνος ᾖς, ἥξει ὥσπερ πηγὴ ὁ ἄμητός σου, ἡ δὲ ἔνδεια ὥσπερ κακὸς δρομεὺς ἀπαυτομολήσει = וּבָא כְּמוֹ הֵלֶךְ גְּדִישְׁךָ וּמַחְסֹרְךָ כְּהֹשׁ בְּאִישׁ נָמֹג. für ἐὰν δὲ ἄοκνος ᾖς braucht sich natürlich nichts entsprechendes zu finden; diese worte leiten nur den midrâsch ein. כְּמוֹ הֵלֶךְ erkannte Hitzig. ἄμητος Ammonius 15: ܒܝܫ garbenhausen Geopon 10, 7. בְּאִישׁ = ܒܐܝܫ, was noch in den nitrischen hdss mitunter für ܒܝܫ erscheint.

hinter παράνομος ist ein komma zu setzen und παράνομος 12ᵃ
als praedikat zu nehmen, καὶ *auch*. vgl den anfang des Xystus.

Jäger verweist auf 16, 29 als die quelle von ὁδοὺς οὐκ ἀγα- 12ᵇ
θάς. für οὐκ ἀγαθὰς geben א 23 161ʳᵃⁿᵈ 252ʳᵃⁿᵈ σκολιάς, aus diesem σκολιὰς entstand in 260 κακάς.

14ᵃ für διεστραμμένη καρδία schr διεστραμμένη καρδίᾳ. ἐν παντὶ καιρῷ gehört zu 14ᵃ (so B[Mai]): dafs es allgemein zu 14ᵇ gezogen wurde, sehn wir daraus, dafs die durch die falsche theilung des verses veranlafste änderung des πολλὰς 14ᵇ in πόλει in allen hdss aufser in 106 steht. Constitt 71[13] findet sich noch eine spur der richtigen lesart.

14ᵇ der zu ταραχὰς am rande von 161 hinzugefügte ἀντιδικίας wird dem Aquila gehören.

15ᵇ יִשָּׁבֵר καὶ συντριβῇ = וְשָׁבֵר.

16ᵃ שָׂשׂ χαίρει = שָׂשׂ (Jäger) | Θεὸς B𝔖 richtig, κύριος AyzאΠ 23 68 103 109 147 157 161 248 252 253 254 260 295 = יְהוָה.

16ᵇ וְשָׁבַע συντρίβεται AByz oder συντριβήσεται 254 297 = נִשְׁבַּר oder יִשָּׁבֵר (Jäger).

17ᵇ αἷμα δικαίου BΠ = דַּם־נָקִי, αἷμα δίκαιον in Ayzא𝔖 entspricht dem masoretischen דָּם־נָקִי.

18ᵇ לְהָרִיץ fehlt dem Griechen: der kopist des masoretischen archetypus hatte falsch לרצ statt לרע geschrieben und dies לרצ zu punktieren vergessen, nachdem er לרע dahintergesetzt | am ende + ἐξολοθρευθήσονται zאΠ[obel] 23 68 109 147 161 252 254 295 297.

19ᵃ יָפִיחַ ἐκκαίει AByzא𝔖, εκκεει 23, εκχεει 103, ἐκπνεύει [so!] „verbessert" Schleusner. Grabe prolegg zu tom IV 4, 3 zeigt, dafs unser interpret 6, 19. 14, 5. 25 הֵפִיחַ ἐξέκαυσε giebt, und ändert darum 19, 5 ἐγκαλῶν in ἐκκαίων.

20 der Grieche מִצְוֹת und תּוֹרַת, 161[rand] glossiert πατρός mit τοῦ θεοῦ, μητρός mit τῆς ἐκκλησίας.

22ᵃ הַנְחֵה אֹתָהּ ἐπάγου αὐτὴν καὶ μετὰ σοῦ ἔστω = תַּנְחָה אִתָּךְ (Jäger).

23 Clem 154[19] λαμπτὴρ ἐντολὴ ἀγαθή, νόμος δὲ φῶς ὁδοῦ· ὁδοὺς γὰρ βιότητος ἐλέγχει παιδεία.

23ᵇ sicher hatte der Grieche הֹלַכַת וּמוּסָר (Vogel).

24ᵃ רֵעַ ὑπάνδρου = רַע (Vogel).

25ᵇ echt μηδὲ ἀγρευθῇς σοῖς ὀφθαλμοῖς, revisor μηδὲ συναρπασθῇς ἀπὸ τῶν αὐτῆς βλεφάρων, ein späterer μηδὲ συναρπασάτω σε τοῖς βλεφάροις αὐτῆς 23 252. die echte übersetzung und die die des revisors hintereinander (Jäger) haben alle aufser 23 252, welche die des revisors auf die angegebne weise ersetzen.

27ᵃ ἀποδήσει AByzא𝔖, ἀποθήσει 260.

רֵעֵהוּ ὕπανδρον, revisor τοῦ πλησίον αὐτοῦ Chrysost (bei 29a
Parsons) ח und ΣΕ bei ח[rand].

echt οὐκ ἀτιμώρητος ἔσται κακῶν. so א, nur ohne κακῶν, 29b
wie 11, 21. 19, 5. 9. 28, 20. οὐκ ἀθωωθήσεται mag Aquila
gehabt haben. die echte übersetzung findet sich in 23 252 [hier
ατιμωτερος] von ὡσαύτως gefolgt vor οὐκ ἀθωωθήσεται, A
Byzהפ haben nur οὐκ ἀθωωθήσεται.

πεινῶν B 23, πεινῶσαν richtig Ayzהפ 68 103 106 109 147 30b
157 248 252 260 295 296 297.

wer ἀπώλειαν περιποιεῖται übersetzt hat, muſs מְשַׁחַת יַעֲשֶׂנָּה 32b
gelesen haben. in 106 steht am rande δια ενδειαν πτοχειαν·
εσοτυταν τον εντερον· φρενων· χλευαζειαν· και μοριαν. dies
ist zu schreiben διὰ ἔνδειαν (πτωχείαν) φρενῶν καὶ μωρίαν·
στερεῖται τῶν ἐντέρων· χλευασίαν. στερεῖται hätte ich aus
εσοτυταν kaum herausgefunden, wenn nicht bei Drusius aus
Aquila στερεῖται für חסר notiert gewesen wäre: Aquila dachte
wohl an ἐξεντερίζεσθαι und rückenmarksleiden, Jude genug ist
er für so specielle deutung. χλευασίαν [zu [illegible] gehörig?] ist
glosse zu ἀπώλειαν, in wahrheit aber die echte übersetzung des
מְשַׂחֵק gelesenen מַשְׁחִית.

für ὑποφέρει sehr ἀποφέρει. 33a

εἰς τὸν αἰῶνα > hebr, לְעוֹלָם ist vor לֹא תִמָּ ausgefallen. 33b

7

υἱέ, τίμα τὸν κύριον καὶ ἰσχύσεις, πλὴν δὲ αὐτοῦ μὴ φο- [2]
βοῦ ἄλλον > hebr. daher Ignatius Rom 7 p 51 Cureton =
martyr 18 οὐκ ἔστιν ἐν ἐμοὶ πῦρ φιλοῦν ἄλλο τι?

ἐπὶ τὸ πλάτος alle, ἐπὶ τῆς πλακὸς Drusius quaest ebr II 79. 3b

לַבִּינָה תִקְרָא τὴν φρόνησιν περιποίησαι σεαυτῷ. dies ist 4a
nicht = הַבִּינָה תִקְנֶה (Jäger), sondern ל von לַבִּינָה ist von dem
aramäisch redenden interpreten als accusativzeichen genommen,
[illegible] ist näher als תִקְנֶה.

aus ἀλλοτρίας καὶ πονηρᾶς wird wohl πόρνης καὶ ἀλλοτρίας 5
werden werden müssen: aus זָרָה wurde זֹנָה herausgelesen.

בַּחוּץ > AByzפ: ἐν ἀγορᾷ 103 252 stammt nach ח aus 'ΑκΘ. 8
Constitt 8^9 ἐν ἀγορᾷ statt παρὰ γωνίαν, א beides.

λαλοῦντα ist von Cotelier zu Constitt α 7 besprochen, der 8b
ἀλοῦντα schreiben oder im hebr text יִצְעַק voraussetzen wollte,
καλοῦντα die pariser hds 495. ἀλῶντα wünschte Grabe prolegg

IV 3. ein blick in die wörterbücher widerlegt diese einfälle. ich mache χλιδῶντα aus λαλοῦντα, da אֶצְעָדָה צְעָדָה χλιδών sind. ἀλύοντα Jäger.

10b für ἐξίπτασθαι führt Jäger Hesiod ἔργα 98 Eurip Electra 944 an und vergleicht ἀνίπτασθαι Sophocl Antig 1308 Ajax 693, πτεροῦν ἀναπτεροῦν Longus β 4 Aristoph vögel 1436. näheres eingehn auf diese stellen wird zeigen, wie unähnlich sie sind: auch vermag ich nicht anzugeben, was der interpret gelesen hat, wenn ἐξίπτασθαι richtig ist. sehr ἐξίστασθαι: ἔκστητον φρενῶν Eurip Bacch 850, ἐξέστην φρενῶν Orest 1021 und oft. für נְצֻרַת las der Grieche מְצִירַת: Michaelis weist ܨܝܪ als vertreter von צִיר פַּלָּצוּת שָׁבָץ nach [zu Castell lex syr 755]: ܐܣܝܪܗ ܨܝܪܐ ἰλιγγιῶ Geopon 110, 5 [= ις 9, 5].

11a וְסֹרָרֶת καὶ ἄσωτος = וּסְרִיחָה. ܣܪܝܚ αἰσχρὸς Euseb θεοφ 2 A 3^{7} = demonstr 83^{37} [Stephan]: ܐܣܪܚ προὔβαλε B 3^{25} = laud Const 11 ἐξενήνοχε Analect 169, 20. stammverwandt ܣܘܪܚܢܐ ἀσέλγεια Reliqq 71, 13: zweibuchstabige wurzel סר.

12 hinter πλατείαις ein komma zu setzen.

16b ἀμφιτάποις traue ich unserm freunde nicht zu, ἀμφιτάπησι Constitt 8^{19} nur Turrian, aber 23 αμφιταποις ιδε bei Parsons ist nichts anders als das geforderte ἀμφιτάπησι δέ.

17 מֹר zieht der Grieche zu 17^{a}, in 17^{b} liest er für אֲהָלִים (Cotelier zu Const α 7) אֲהָלַי. קִנָּמֹן ohne copula.

19a ἐν τῷ οἴκῳ αὐτοῦ = בְּבֵיתוֹ 23 gehört dem revisor.

19b + συμπλακῶμεν ἐν ἀγαπήσεσιν 260, das ist nichts anders als 18^{b} in einer jüngeren übersetzung.

20a ἐν χερσὶν αὐτοῦ yz 68 161 260 295 scheint echt, ἐν χειρὶ αὐτοῦ AB = בְּיָדוֹ.

20b δι' ἡμερῶν πολλῶν ist verdächtig. כֶּסֶא mußte der interpret aus dem täglichen leben kennen, ܟܣܐ Geopon 7, 2 διχομήνη = نصف الشهر. πολλῶν > 68, wie ich gewünscht hatte: δι' ἡμερῶν ist aus διχομήνης entstanden.

22a פְּתָאִים κεπφωθείς = פתא, welches unwort der interpret aus פְּתָאִים als nebenform für פְּתִי nahm (Bochart hieroz II 265). Cotelier zu Constitt α 7 citiert Cicero an Atticus XIII 40 κεπφοῦμαι. κεπφοῦν Epiphan haer 265^{b}, κεπφοῦσθαι 234^{c} 388^{d} 621^{c}. Jäger verweist auf Erasmus adag II 2, 33. יָבֹא = ἄγεται? עֶכֶס wird in einem targum ܟܒܠܐ übersetzt gewesen

sein: das ist λαβὶς Geopon 103, 12 = كلبة: dies wort wurde
missverstanden, und so kam κύων in die übersetzung.
מֻסַר δεσμὸς = מֹסֵרוֹת von אָסַר (vgl Bochart), אֱוִיל wird 22b
als אֱיָל zu 23a gezogen (derselbe).
Jäger citiert Ilias χ 161 περὶ ψυχῆς θέον Ἕκτορος, Xeno- 23b
phon Anab α [5, 8] ὥσπερ ἂν δράμοι τις περὶ νίκης.
fehlte dem Griechen: καὶ μὴ πλανηθῇς ἐν ἀτραποῖς αὐτῆς 25b
Ayzℵ 23 68 106 161 248 252 254 260 295 297 gehört nach ה
dem Theodotion, vgl zu 3, 17b.
יֹרְדוֹת κατάγουσαι = מוֹרִידוֹת. 27b

8

לְפִי קָרֶת δυναστῶν, Jäger vermuthete τῶν ἄστεων. 3a
הָבִינוּ ἔνθεσθε = הָכִינוּ (Jäger). 5b
ἀνοίσω Byz; ἀνοίγω A 103 106 109 252, ἀνοίξω 23 stimmt 6b
genauer zu מִפְתַּח.
וְתוֹעֲבַת שְׂפָתַי רֶשַׁע der Grieche. 7b
πάντα ἐνώπια τοῖς συνιοῦσι AByz, ἅπαντα ὀρθὰ ἐνώπιον 9a
τῶν συνιέντων Clem 287[22], πάντα εὐθεῖά ἐστι τοῖς νοοῦσι 23.
καὶ ὀρθὰ τοῖς εὑρίσκουσι γνῶσιν ABуz, ὀρθὰ δὲ τοῖς 9b
βουλομένοις ἀπενέγκασθαι αἴσθησιν Clem 129[5] Orig IV 253[d]
[der nur ἀπονείμασθαι hat].
μου + nach παιδείαν 23, aus dem masoretischen text. 10a
echt ἀνθαιρεῖσθε δὲ αἴσθησιν χρυσίου καθαροῦ (Jäger), 10b
revisor (älter als Clemens 100[44] 129[5]) καὶ γνῶσιν ὑπὲρ χρυσίον
δεδοκιμασμένον. der echte text ist aus B[text] und den meisten
armenischen bibeln ganz verdrängt worden, Clemens 129[5] Aℵyz
68 103 106 161[obel] 248 252 253 260 295 296 haben beide
übersetzungen, die echte meist mehrfach verdorben: A giebt zum
beispiel καὶ ἀργυρίου für καθαροῦ. der Grieche las נִבְחָרָה
als praedikat zu דַּעַת.
Jäger vergleicht Aristoph Plut 564 κοσμιότης οἰκεῖ μετ' 12a
ἐμοῦ und den dichter bei Plutarch moral I 114 [Tauchnitz] παρὰ
δ' αὐτῇ χάριτές τε καὶ ἵμερος οἰκί' ἔθεντο: שָׁכַנְתִּי bleibt an-
stößig.
שְׂנֹאת μισεῖ = שֹׂנֵאת. 13a
פִּי תַהְפֻּכוֹת hat der alte interpret mehr erklärt als übersetzt: 13b
διεστραμμένας ὁδούς. das hinter diesen worten stehende κακῶν

ist nichts als eine zweite version von רַע = רָעִים = dem vorhergehenden πονηρῶν. hinter diesem πονηρῶν steht in 23 106 252 295 das fabrikat des revisors καὶ στόμα ἄπιστον (+ ἐμίσησα ἐγὼ 106, + μεμίσηκα 295).

16^b כָּל > griech.

17^a der Grieche übersetzt das קרי.

17^b hinter εὑρήσουσι + με 252 nach dem hebr, + χάριν Ayzℵ 68 103 106 109 147 157 161 248 253 254 260 295 296 297, + εἰρήνην Ignat an Maria 3 Clem 170^{44}. B hat kein objekt zu εὑρήσουσι.

18^b πολλῶν sehr παλαιῶν (Grabe).

20^b δικαιώματος B, δικαιοσύνης Ay 68 248, ἀληθείας $ℵ^{rand}$ z 23 109 147 157 161^{rand} 252 254 297, εὐθείας 106.

[21] ἐὰν ἀναγγείλω ὑμῖν τὰ καθ' ἡμέραν γινόμενα, μνημονεύω τὰ ἐξ αἰῶνος ἀριθμῆσαι ¹) > hebr. diese stichi stehn nicht an ihrer richtigen stelle, da niemand die eintheilung seiner rede in die mitte seines vortrages setzen wird (Jäger).

22^a κύριος ABwritten zℵחע, richtig ὁ θεὸς Philo I 362 Orig III 788^c | ἐκτήσατό με für קָנָנִי Aquila nach Epiphan ἀγκυρωτὸς 49^b, allein schon Philo las so: ܩܢܐ ἐκτήσατο Reliqq 79, 6 Analect 172, 18 Tit Bostr 37, 16. 38, 8. 39, 31. 41, 15. 42, 2. 11. 24. 43, 28. 73, 11. 78, 13. ἔκτισέ AByzℵחע ²) = εκτησε 23 252. Epiphanius καὶ οὕτω δύναται ἑρμηνεύεσθαι Κύριος ἐνόσσευσέ με: Drusius observv VII 1 denkt dabei an קֵן νοσσιὰ Prov 16, 16 (Sirach 1, 15). Jäger hielt ἐκύησε für möglich, vgl Jacob 1, 18. ohne eine genaue kenntniss der jüdischen theologie jener zeit wird nichts zu machen sein: ich bin nicht im stande die quellen chronologisch zu ordnen, wage daher auch nicht meine bemerkungen vorzulegen: nur Einen punkt will ich berühren. die weisheit wird in jüdischen werken nicht selten mit der vor gründung der welt erschaffenen תּוֹרָה identificiert und אָמוֹן 30ᵃ פָּדָגוֹג erklärt, Jalqûth § 942 בְּרֵאשִׁית רַבָּה anfang: ist ὁ νόμος παιδαγωγὸς εἰς χριστὸν Galat 3, 24 aus solchen anschauungen zu erklären, so wäre in den augen des apostels χριστὸς mit unsrer חָכְמָה = תּוֹרָה nicht identisch. wie konstant die jüdische überlieferung der

---

¹) ἀναρίθμητα 103, ἀριθμηθέντα 295. | ²) קונה auch absolut der schöpfer פרקי אליעזר 25^b Amsterdam 1708, der מכל העלם ebenda 19^a. vgl Huet zu Orig.

ersten jahrhunderte ist, dafür nur Ein beispiel. Prov 1, 26ª hat Symmachus für אֵיד συνταγή, was ’ΑκΣ sonst für כְּלָיָה brauchen. derselbe schlechte witz (nur umgekehrt) findet sich in der Mischna zu anfang von עֲבֹדָה זָרָה: عيد ist in אֵיד verwandelt, angeblich nach Deut 32, 35.

נִסַּכְתִּי ἐθεμελίωσέ με = נִסַּדְתִּי (Vogel). 23ª

נִכְבַּדֵּי > griech. 24ᵇ

κύριος = עַד לֹא? | χῶραι bebautes land Jacob 5, 4 vgl Mth 26ª
24, 18 ἐν τῷ ἀγρῷ = Luc 21, 21 οἱ ἐν χώραις, Drusius zu Luc 12, 16 Graevius lectt hesiod 8 (alles aus Jäger).

οἰκούμενα ist verderbt | τῆς ὑπ’ οὐρανὸν = תֵּבֵל und 28ᵇ 26ᵇ
= תְּהוֹם? hier οὐρανῶν B, τοῖς 106: schreibfehler.

τῆς ὑπ’ οὐρανὸν ABγz ist hier falsch (= 26ᵇ), Justin und 28ᵇ
Irenaeus hatten noch das richtige ἀβύσσου.

was vor אָמְנָה steht > LXX: Theodotion (so ח) ἐν τῷ τι- 29
θέναι αὐτὸν [1]) τῇ θαλάσσῃ ἀκριβασμὸν αὐτοῦ, καὶ ὕδατα οὐ παρελεύσονται [2]) στόματος [3]) αὐτοῦ, γzא 23 68 103 106 109 147 248 252^rand 253 254 260 295 297 | בְּחֻקוֹ ὡς ἰσχυρὰ ἐποίει = בַּחֲזְקוֹ (Vogel).

אָמוֹן ἁρμόζουσα = אֲמִינָה: ܐܡܝܢ für προσμένων πυκνὸς 30ª
ἐκτενὴς προσκαρτερῶν εὐπρόσεκτος. die zu 22ª erwähnten anschauungen sind also keine aegyptischen, oder wenigstens in Aegypten nicht alt. Jäger schon zog καθ’ ἡμέραν zu προσέχαιρε, er schlug vor δὲ nach εὐφραινόμην zu stellen; so haben 23 295 Euseb demonstr ε 1, 27.

der Grieche מְשַׂחֶק בְּתֵבֵל אַרְצוֹ und שַׁעֲשֻׁעַי. 31

32ᵇ steht nach dem ersten gliede von 34. 32

> griech. doch wird 32ᵇ 33 in Aγzאח 23 68 103 106 109 33
147 161 248 252 253 254 260 295 296 297 ergänzt: καὶ μακάριοι οἱ ὁδούς μου φυλάσσοντες [4]). ἀκούσατε παιδείαν [σοφίαν [5])] καὶ σοφίσθητε καὶ μὴ ἀποφραγῆτε.

ἀγρυπνεῖν und τηρεῖν für ἀγρυπνῶν und τηρῶν zu schreiben? 34

מוֹצְאֵי מֹצְאִי (Vogel). 35ª

---

[1]) αὐτὸν fehlt in den meisten hdss | [2]) παρελεύσεται 23 106 109 147 254 295 z | [3]) τὸ στόμα 103, στόμα 23 106 161^rand 253 254 260 297 Euseb | [4]) oder οἳ ὁδούς μου φυλάσσουσι = φυλάξουσι | [5]) durch das folgende σοφίσθητε veranlaſst.

9

1b חָצְבָה ὑπήρεισε = הִצִּיבָה (Vogel).

2a εἰς κρατῆρα > hebr: בכס konnte vor 'מסכ leicht übersehn werden.

3a τοὺς ἑαυτῆς δούλους wäre נְעָרֶיהָ, aber ich glaube τὰς ἑαυτῆς δούλας herstellen zu müssen. Matth 22, 3 veranlaſste einen christen zu ändern: vgl meine Reliquiae graec 79, 18-26 | תִּקְרָא ist an 3b abgegeben.

3b מְרֹמֵי קָרֶת galt als adverbialer zusatz, in welchem קרת von קָרָא hergeleitet wurde.

5a τῶν ἐμῶν ἄρτων ABתפ Orig II 551d Cyrill 154[26], τὸν ἐμὸν ἄρτον yz Orig I 483c II 757f III 193d [hier übersetzt Hieronymus *panes meos*]. der revisor wuſste wohl nicht, daſs לֶחֶם keinen plural hat: er zog das dem בְּלַחֲמִי scheinbar mehr entsprechende τὸν ἐμὸν ἄρτον auch wohl mit darum vor, weil es gelegenheit gab an Joh 6 und das abendmahl zu denken. die hier redende weisheit war ja in den augen der ältesten christen ohne weiteres = Jesus. ἄρτον θεοῦ θέλω Ignatius Rom 7.

6a echt ἀπολείπετε ἀφροσύνην καὶ ζήσετε. hinter ἀφροσύνην schob sich in ABפ aus Sap 6, 23 ἵνα εἰς τὸν αἰῶνα βασιλεύσητε ein: z hat am ende des hemistichs εἰς τὸν αἰῶνα βασιλεύσετε. über dem letzten worte von 6b muſs einmal als glosse oder correctur φρόνησιν gestanden haben: dies verirrte sich hinter ζήσετε und bewirkte dessen umwandlung in ζητήσατε ¹), da der accusativ φρόνησιν ein verbum transitivum verlangte. in dem so entstandnen καὶ ζητήσατε φρόνησιν konnte der revisor nicht mehr die übersetzung von וִחְיוּ erkennen; er holte dies also hinter jenen worten mit dem in B fehlenden ἵνα βιώσητε nach.

6b echt καὶ ὀρθῇ ὁδῷ φρονήσατε παιδείαν. dem interpreten mochten אִשֵּׁר יִקַּר יָשַׁר ebenso zusammengehörig erscheinen, wie den späteren Griechen etwa ἐνδελέχεια und ἐντελέχεια: sowohl יָשַׁר als יִקַּר und אִשֵּׁר klingt in der übersetzung an. über ὀρθῇ ὁδῷ schrieb ein Alexandriner die glosse γνώσει: vgl die auseinandersetzung über das verhältniss von ὁρμή und γνῶσις bei Clemens 275[43-51]. die revisoren sahen nicht ein, daſs unser freund

¹) das exemplar wird also ζήσετε gehabt haben, aus dem ζητήσατε leichter hervorgehen konnte als aus dem von yz gebotnen ζήσεσθε.

das ihm unerträglich scheinende „erziehet den gedanken" in „denkt an erziehung" nur umgestellt habe: sie glaubten בינה durch παιδείαν übertragen, und der vermeintliche schnitzer wurde durch σύνεσιν oder [zu 6[a]] φρόνησιν corrigiert: dafs für אשרו κατορθώσατε gesetzt werden würde, hätte ich voraussagen wollen. so entstand καὶ κατορθώσατε ἐν γνώσει σύνεσιν. in ABy‎הפ erscheint 6[b] nur in dieser gestalt: א schickt der missgeburt noch den echten text vorauf, den griechische hdss, als wäre es ein stiefkind, bald hierhin bald dahin stofsen.

echt οἱ δὲ ἔλεγχοι τῷ ἀσεβεῖ μώλωπες αὐτῷ = ומוכיח 7[b]
לרשע מומו. ܡܘܡܐ narbe Athan 45, 21. revisor ἐλέγχων δὲ τὸν ἀσεβῆ μωμήσεται ἑαυτόν. ABy‎אפ haben nur den zweiten text, ה[obel] z 23 68 109 147 157 161 254 295 297 den ersten nach dem zweiten.

am ende + ἄσοφον καὶ μισήσει σε A 161[rand] 248 252 253, 8
ἄφρονα καὶ προσθήσει τοῦ μισῆσαί σε 254, ἔλεγξον ἄφρονα καὶ μισήσει σε 296. zu 8[a] gehörig? ασοφον und αφρονα sind aus einander entstanden, ich weifs nicht welches aus welchem.

φόβος κυρίου AByz‎אהפ, θεοσέβεια Clem 170[51] wohl echt. 10[a]
in drei übersetzungen vorhanden: 1 τὸ δὲ [1]) γνῶναι νόμον 10[b]
διανοίας ἐστὶν ἀγαθῆς, 2 σύνεσις δὲ ἁγίων προμήθεια, 3 καὶ βουλὴ ἁγίων σύνεσις. nur 1 citiert Clem 152[51], 2 vor 1 derselbe 170[51], 3 vor 1 haben AByz‎אהפ. echt ist die erste, schon weil sie die eigenthümliche abneigung unsres freundes theilt, ein hauptwort als praedikat zu nehmen: er mag nicht sagen דעת sei בינה, sondern umschreibt.

בי τούτῳ τῷ τρόπῳ = בה auf בינה 10[b] bezogen | πολὺν 11[a]
ζήσει χρόνον 23 mit der bis ins zweite jahrhundert üblichen schreibung statt des spätern ζήσῃ A 260, ζησης 109 = ζήσεις B: oben 6[a] brauchte der interpret ζήσετε. den sicher beabsichtigten jambischen tonfall vernichtet 103 πολλοὺς χρόνους ζήσεις. χρόνος jahr oben 4, 11[b].

σου Bz, > Ay‎אהפ 23 103 106 147 161[text] 248 252 253 254 11[b]
260 295.

es versteht sich, dafs der nachsatz mit σεαυτῷ anfängt. der 12[a]
Grieche + am ende καὶ τοῖς πλησίον B‎אהפ (σου folgt noch in

---

[1]) δὲ Ayz 23 68 106 109 248 252 295 Clem, γὰρ B.

23 68 252 295 297 yz) oder *καὶ τῷ πλησίον* A (*σου* folgt noch in 106): y hat keinen zusatz. Jäger bemerkt, daſs לְבַדְּךָ 12^{b} für die ursprünglichkeit dieses וּלְרֵעֲךָ oder וּלְרֵעֶיךָ zeugniss ablege.

12^{b} *ἂν* vor *ἀντλήσεις* fehlt, wie es auch muſs, in A 103 106 147 248 252 297 yz: Jäger verweist wegen *ἀντλεῖν* oder *ἐξαντλεῖν κακὰ* auf Gataker zu Antonin *δ* 50: ich denke an Eurip Hippol 898 Cycl 110 282 Med 79.

im griechischen text folgen nun 6 sicher auf ein hebr original zurückgehende zeilen, welche den Masoreten fehlen:

ὃς ἐρείδεται ἐπὶ ψευδέσιν [1]), *οὗτος ποιμανεῖ* [2]) *ἀνέμους,*
ὁ δ' αὐτὸς διώξεται ὄρνεα πετόμενα [3]).
ἀπέλιπε γὰρ ὁδοὺς τοῦ ἑαυτοῦ ἀμπελῶνος,
τοὺς δὲ ἄξονας [4]) *τοῦ ἰδίου γεωργίου πεπλάνηται.*
διαπορεύεται δὲ δι' ἀνύδρου ἐρήμου [5]) *καὶ γῆν διατεταγμένην ἐν διψώδεσι* [6]),
συνάγει δὲ χερσὶν ἀκαρπίαν.

in z 23 68 106 161 geht noch vorauf, was sich in den andern 10, 4 findet (FLucas notatt § 176), in 260 auf *ἀκαρπίαν* folgt:

υἱὸς πεπαιδευμένος σοφὸς ἔσται,
τῷ δὲ ἄφρονι διακόνῳ χρήσεται.

13^{b} Jäger sah, daſs der Grieche פָּתֹת für פְּתַיּוּת und כְּלִמָּה für מַה gehabt hat. im archetypus des masoretischen textes stand wohl כל von כלמה über der zeile; der erste abschreiber lieſs es aus, weil er בל im texte fand, und glaubte, mit jenem כל sei dies בל gemeint, der corrector habe sich also geirrt. כְּלִמָּה ist durchaus nothwendig.

15^{a} *παριόντας* drückt לְעֹבְרֵי דָרֶךְ aus; weil der revisor dies nicht einsah, setzte er *ὁδὸν* hinzu, das Ayz 23[usw] Clem 108[32] haben.

15^{b} *τοὺς εὐθύνοντας τὰς ἑαυτῶν τροχιὰς* Clem 108[32].

16^{b} *καὶ τοῖς ἐνδεέσι δὲ* y, *ἐνδεέσιν δὲ* A, *καὶ τοῖς ἐνδεέσι* B, *καὶ τῷ ἐνδεεῖ* 23: *δὲ* = וְ ist echt, der singular in 23 gehört dem revisor = חֲסַר | *φρονήσεως* ABy Clem 108[34], *φρενῶν* z 109 147 157 254 295, revisor *καρδίας* 161[rand] = לֵב | וְאָמְרָה *παρακελεύομαι* AByz Clem 137[9] = וְאֹמֵר, *παρακελεύεται* Clem 108[33].

[1]) jeder der griechisch versteht, wird so betonen; die drucke *ψεύδεσιν*. | [2]) *ποιμαίνει* B Augustin Clem 137[3] | [3]) *καὶ διώκει ὄρνεα πτερωτὰ* Clem, *πτερωτὰ* auch 23 68 103 106 109 252 | [4]) *τὰς δὲ τροχιὰς* Clem | [5]) *διέρχεται δι' ἐρημίας ἀνύδρου* Clem | [6]) *καὶ* bis *διψώδεσι* > 23, *τὴν ἀοίκητον καὶ δίψιον ἐπερχόμενος γῆν* Clem

der hebr text nennt das wasser zuerst, der griech das brot. 17
ἅψασθε ABγzℌ, γεύσασθε 161^rand 252^rand: יִטְעַם sieht al- 17ª
lerdings dem יִנְעָם 17ᵇ nicht zu unähnlich; aber angenommen auch, daſs die Hebräer נִטְעַם im sinne von ܐܬܛܥܡ ܐܬܠܚܡ gekannt hätten, würden wir doch gehindert sein, γεύσασθε für den ausdruck eines revisors zu halten, weil ein solcher doch wohl auch die passivische construction ausgedrückt hätte, und weil die fälle sehr selten sind, in denen ein revisor eine andre lesart als die der Masoreten übersetzt. γεύσασθε ist glosse.

ende + πίετε ℵγz 23 68 106 109 147 157 161 248 252 17ᵇ
254 295 297.

קְרָאֶיהָ ist die veranlassung zu συναντᾷ geworden, indem 18ᵇ
der interpret an קָרָה dachte (Jäger). πέταυρον ist in στέγαστρον zu ändern. folgen 8 zeilen, von denen dasselbe gilt was von den hinter 12 sich findenden galt: in γ fehlen sie, ס nimmt sie von dem Griechen:

ἀλλὰ ἀποπήδησον, μὴ ἐγχρονίσῃς [1]) ἐν τῷ τόπῳ αὐτῆς [2])
μηδὲ ἐπιστήσῃς [3]) τὸ σὸν ὄμμα [4]) πρὸς αὐτήν·
οὕτως γὰρ διαβήσῃ ὕδωρ ἀλλότριον
καὶ ὑπερβήσῃ ποταμὸν ἀλλότριον [5]).
ἀπὸ δὲ ὕδατος ἀλλοτρίου ἀπόσχου
καὶ ἀπὸ πηγῆς ἀλλοτρίας μὴ πίῃς,
ἵνα πολὺν ζήσῃς χρόνον,
προστεθῇ δέ σοι ἔτη ζωῆς.

10

מִשְׁלֵי שְׁלֹמֹה fehlt dem Griechen. 1ª
אוֹצְרוֹת רֶשַׁע [Luc 16, 9] θησαυροὶ ἀνόμους = אוֹצְרוֹת רֶשַׁע 2ª
(Jäger).

ψυχὴν δικαίαν ABγℌ Orig IV 245ᵇ Athan ܠ 21, ψυχὴν 3ª
δικαίου ℵ^text 23 109 252 297 *die übrigen* bei ה^rand = נֶפֶשׁ צַדִּיק,
ψυχὰς δικαίων ℵ^rand 260 295 Basil 137[12], ψυχὴν δικαίων 147 z.

וְהַוַּת ζωὴν δὲ = וְחַיַּת (Jäger). 3ᵇ

רֵאשׁ πενία = רָאשׁ (Jäger). 4ª

---

[1]) ἐγχρονίσῃς A 23 103 106 147 161 248 252 253 260 296 Constitt, χρονίσῃς B. | [2]) αὐτῆς aus Az 23 68 103 106 252 263 295 297: der griechische text der Constt läſst ἐν τῷ τόπῳ αὐτῆς aus, der arabische hat die worte. | [3]) στησῃς 109, επιστης A. | [4]) ὄμμα alle auſser B in der sixtinischen ausgabe, deren ὄνομα druckfehler ist. | [5]) stichos 4 > B.

[4] was der Grieche hier mehr hat, habe ich schon zu 9, 12 angegeben.

6^{a} בְּרָכֹת *εὐλογία κυρίου* = בִּרְכַּת יְהוָה. der gottesname war also wohl nur ׳י geschrieben, sonst wäre er kaum in der andern recension weggefallen.

6^{b} חָמָס *πένθος ἄωρον* sehr *πένθος ἀθρόον*, wie Euripides *ἀθρόον δάκρυ* sagt Hercul fur 489. vgl 11, 30^{b}.

7^{a} *δικαίων* ABzא^{rand}כח Constitt 138^{13} [1]) 195^{10}, *δικαίου* y 23 68 106 147 296 nach צַדִּיק | *ἐγκωμίων* ABzה Constitt 138^{13} 195^{10}, *ἐγκωμίου* yא 161 248 252 nach לִבְרָכָה.

7^{b} *ἀσεβοῦς* AByzא^{rand}פ, *ἀσεβῶν* 23 106 109 147 157 253 260 295 297 א^{text}ה Constitt 138^{17} nach רְשָׁעִים.

8^{b} אֱוִיל *ἄστεγος* AByzפ, *ἄστατος* ה 260. א *գոփիլ* kann nicht *ἄστεγος* sein, *գոփութիւն* ist *ἀσυνθεσία* Hierem 3, 7 | *σκολιάζων* streicht Jäger gegen alle zeugen als zu *διαστρέφων* = מְעַקֵּשׁ 9^{b} gehörige glosse.

10^{a} *ὀφθαλμοῖς* ABפ Orig IV 440^{c}, *ὀφθαλμὸν* 68 248 297 y Clem 108^{13}, *ὀφθαλμῷ* אח 109 147 157 254 260 296 z. die singularformen sind korrekturen nach עַיִן.

10^{b} im hebr ist fehlerhaft 8^{b} wiederholt, der Grieche hatte noch einen andern text: וּמוֹכִיחַ קְמִמִּית יַשְׁלִים?

11^{a} *χειρὶ* alle, *χείλει* richtig Grabe.

11^{b} *ἀσεβοῦς* AByzא^{rand}ה, *ἀσεβῶν* א^{text}פ 109 157 = רְשָׁעִים. der stichos ist hier anders übersetzt als 6^{b}.

12^{b} *ἡ ἀγάπη καλύπτει πλῆθος ἁμαρτιῶν* Petr α 4, 8. der Grieche מוֹשִׁירִים = *μὴ φιλονεικοῦντας* für פְּשָׁעִים.

15^{a} nach *ὀχυρὰ* + *αὐτοῦ* 23, aus dem suffix von עֻזּוֹ.

15^{b} *ἀσεβῶν* AByzאחפ, *ἀσθενῶν* richtig Grabe und 23.

17^{a} weg zum leben = *ὁδοὺς δικαίας ζωῆς*, die revisoren lassen bald *δικαίας* (אחפ 23 68 106 248 252 254 260 295 yz) bald *ζωῆς* (103 109) fort.

17^{b} *παιδεία* ist eine fehlerhafte wiederholung aus 17^{a}, *δὲ* gehört hinter *ἀνεξέλεγκτος*. das verderbniss ist älter als Clemens 128^{6}. *πλανᾶται* = מַתְעֶה (Vogel).

---

[1]) der Araber übersetzt § 28 ذكر البررة كامل, also *δικαίων*. die jüngere recension der constitutionen [yzt] *δικαίου*, was nach dem rande von ה im bibeltext *die übrigen* lesen. in den Constitt nachher die jüngere recension *ἐγκωμίου*.

δίκαια für שֶׁקֶר? Grabes conjectur *ἄδικα* ist matt, richtig 18ᵃ
δόλια 106: vgl ΔικΑΙΑ und ΔοΛΙΑ.

λοιδορίας richtig, *λοιδορίαν* nach dem singular דִּבָּה 103. 18ᵇ

der interpret brauchte die anrede, um seinen satz recht all- 19
gemein auszudrücken: jeder schuljunge lernt einmal, wie er das deutsche *man* wiederzugeben hat. der revisor änderte *ἐκφεύξῃ* (die alte schreibung *ἐκφεύξει* 103 109) in *ἐκφεύξεται.* am ende des verses + 260 *ἀνὴρ γλωσσώδης οὐ κατευθυνθήσεται* aus Ps 140, 12ᵃ.

πεπυρωμένος sehr *πεπειραμένος*; denn dafs *πυροῦν* etwas 20ᵃ
anderes bedeutet als *in brand stecken*, wird erst zu beweisen sein. *πειρώμεθα βασανίζοντες* Plato Phileb 21ᵃ, *πειραθῶ σκοπῶν* Theaetet 190ᵉ. für *γλῶσσα* 157 *στόμα*, echt?

ἀσεβοῦς ABy z אנ, *ἀσεβῶν* = רְשָׁעִים ח 103 253. 20ᵇ

δικαίων ABy z אהכ, *δικαίου* 296 = צַדִּיק | יִרְעוּ רַבִּים *ἐπί-* 21ᵃ
σταται ὑψηλά = יֵדְעוּ רָמוֹת (vgl Vogel).

בַּחֲסַר־לֵב *ἐν ἐνδείᾳ* = בְּחֶסֶר ohne לֵב. 21ᵇ

ἐπὶ κεφαλὴν δικαίου stammt nach Jäger aus 6ᵃ, > 23. 22ᵃ

ende *δουλεύσει δὲ ἄφρων φρονίμῳ* + 106: eben diesen 23
aus 11, 29 stammenden satz hat A nach 24ᵃ.

ἀπωλείᾳ ABy z אהכ, *ασεβεια* 296, *ἀπορίᾳ* Grabe! der 24ᵃ
Grieche verstand מְגֹרַת als nachbarschaft vgl مجاورة, für תְּבוֹאֶנּוּ hatte er אַבְדֵנִי, weiter vgl zu 9, 10ᵇ. מְגוֹר Hierem 46, 5 *περιεχόμενοι.*

יִתֵּן *δεκτή* = יֻחַן vgl Prov 21, 10 | ende + 21ᵇ A. 24ᵇ

dem Griechen fällt gar nicht ein יְכִיר[!] für יְלֵד zu haben, wie 25ᵇ
neuere dem seiner sache selbst nicht sicheren Jäger nachsprechen: die zu 9, 10ᵇ erwähnte abneigung des interpreten gegen ein substantivisches praedikat vermochte ihn, den satz *ein gerechter ist ein für ewig gelegter grundstein* so zu umschreiben, wie er gethan. Semler's von Ernesti und Jäger gebilligte änderung *ἀκλινὴς* für *ἐκκλίνας* ist nothwendig: wer sie annimmt, kann die von Jäger beigebrachte parallele aus Cicero Catil I 6 nicht brauchen: *parva quadam declinatione et ut aiunt corpore effugi.* *ἐκκλίνας* schon Ignatius (Semler).

βλαβερὸν ist ja auch bei einem männlichen subjekt sehr 26ᵃ
wohl zu ertragen; auf zwei subjekte *masculini generis* bezogen widersteht ein im neutrum stehendes adjektives praedikat meinem

sprachgefühl. βλαβερὸς nur A 106 157: ich sehe in dem βλαβερὸν der übrigen den beweis dafür, dafs ὄμφαξ in ὄξος zu ändern ist = חֹמֶץ; den schreibern spielte die erinnerung an Hierem 31, 29 einen streich.

26b הֶעָצֵל לְשֹׁלְחָיו παρανομία τοῖς χρωμένοις αὐτῇ = הָעֹוֶל לְהַשְׁחִית: استعمل ἐχρήσατο Reliqq 69, 6. 72, 18 Clem 128[33] und oft.

27a κυρίου ABy℥אה, θεοῦ richtig 295.

29a φόβος ABy℥אע, ὁδὸς richtig ח Grabe = דֶּרֶךְ.

30a über ἐνδοῦναι Jensii lectiones lucianeae p 323 (Jäger).

31a dafs יָנוּב hier und יֵדְעוּן 32a mit ἀποστάζει übersetzt worden ist, glaube ich nicht: in unserm verse μελετήσει Orig I 259[d], ἀποστάζει Clem 170[7], ἀποστάξει 126[38]. Jäger meinte יָהִב oder יַבִּיעַ ausgedrückt. 32a ist mit Grabe ח 23 252 ἐπίσταται zu schreiben.

11

1a echt ζυγὰ δόλια βδέλυγμα ἔναντι θεοῦ Clem 170[4], revisor ζυγοὶ δόλιοι βδέλυγμα ἐνώπιον κυρίου ABy℥. ζυγὰ und ζυγοὶ Thomas 167, 7: יְהוָה übersetzt unser freund θεός.

2b = 13, 10b. ist צְנוּעִים oder נֶעֱצָבִים ursprünglich? צָנַע ist wie يَصَع, وضع auf √ ضع zurückzuführen: Castellus leitet Isaj 5, 15 يتضع statt von وضع, VIII von ضع ab, so verwandt sind die wurzeln. تضعضعت ἐταπεινώθην Ps 38, 9: تواضع das gewöhnliche wort für demuth. ض nie = ز, daher زنع ganz unverwandt sein mufs. صنع = زنع ist im täglichen gebrauch, von den derivaten nur صنيع *gastmahl* selten Ibn Khaldûn berbers II 75, 4. زنع πανοῦργος, κακοῦργος Clem recogn 127[27].

3a (¹) ἀποθανὼν δίκαιος ἔλιπε μετάμελον = תֻּמַּת יָשָׁר מֵת נִחַם. der Syrer תִּקְוַת.

3b 4 > griech: statt dessen 10b (Jäger).

---

¹) Theodotion [nach ח] übersetzte 3 und den der LXX fehlenden 4 vers: τελειότης εὐθέων ὁδηγήσει αὐτούς, καὶ ὑποσκελισμὸς ἀθετούντων προνομεύσει αὐτούς. οὐκ ὠφελήσει ὑπάρχοντα ἐν ἡμέρᾳ θυμοῦ, καὶ δικαιοσύνη ῥύεται ἀπὸ [ῥύσεται ἐκ?] θανάτου. Aκתע haben dies vor dem echten 3a, ebenda mit kleinen abweichungen y 23 68 103 106 157 161 248 252 253 254 260 296 297, nach dem für 3b gegebnen 10b stellen es z 109 147. צדקה 4b kann nach dem zusammenhange nur almosen bedeuten: wie jung mufs also der vers sein!

ἀμώμου Ayzℵח 68 103 106 147 161 248 253 260 = hebr, 5
ἀμώμους Bע Clem 166^{34} | Grabe schrieb [unabhängig von ℵחע]
ἀσεβείᾳ und ἀδικίᾳ, vor ihm wie B^{Mai} ἀσέβεια und ἀδικίᾳ.
δικαιοσύνη kann nur ἀδικία zum gegensatz haben. der Grieche
sprach רֶשַׁע: ἄδικος 103 106 296 297 ist korrektur eines späteren, ὁ ἀσεβὴς ᾽ΑκΣΘ, անիրաւն $ℵ^{rand}$.

ἀπωλείᾳ B richtig, erleichterungen sind ἀβουλίᾳ Aℵחעyz 6^b
68 103 254 260 296, ἀσεβείᾳ $ח^{rand}$ 23 106 109 147 157 252
295 297 161^{rand} | αὐτῶν > Ayz 68 nach dem jetzigen hebr
text, mir scheint וּבְהַוַּת der Masoreten auf וּבְהַוָּתָם hinzuweisen.

וְתוֹחֶלֶת τὸ δὲ καύχημα = וְתִתְהַלֵּל (Jäger). 7^b

מִצָּרָה ἐκ θήρας = מִצֵּדָה (Jäger), obwohl ein solches de- 8^a
rivat von ציד nicht existiert. צֵידָה hat mit ציד gar nichts zu
thun (man nimmt doch als reisevorrath nicht wildpret mit, welches man ja unterwegs finden könnte), sondern ist aus dem eranischen entlehnt und mit زاد ܙܘܕ [ἐφόδιον can Nicaen 13] zu
सीव und زيستن zu stellen, zu denen das formell genau entsprechende βιοτή gehört.

וַיָּבֹא δὲ παραδίδοται = וַיִּבָּא? 8^b

ἀσεβῶν AByz, παρανόμων 103 106 252^{rand} 253. 9^a

יֵחָלֵצוּ εὔοδος = יַצְלִחוּ. 9^b

10. 11^a > LXX, nur 10^b steht vor 5^a. ח giebt dem Theo- 10
dotion ausdrücklich das in einzelnen griechischen hdss sich findende ἐν ἀγαθοῖς δικαίων κατώρθωσε [schr κατωρχήσατο] πόλις, καὶ ἐν ἀπωλείᾳ ἀσεβῶν ἀγαλλίαμα. ἐν εὐλογίᾳ εὐθέων ὑψωθήσεται πόλις. wer so lange wie ich bibelübersetzungen gelesen hat, wird nicht zweifeln, daſs auch die in allen unsern zeugen stehenden 11^b 12. 13 von Theodotion übertragen sind.

ὥσπερ φύλλα > hebr, aus כַּבְּלָה 28^b (Jäger). 14^a

יֵרַע κακοποιεῖ = יָרֵעַ | זָר δικαίῳ = זַךְ, vgl 20, 16^a. 15^a

תֹּקְעִים בּוֹטֵחַ ἦχον ἀσφαλείας = תֵּקַע בֶּטַח. 15^b

θρόνος δὲ ἀτιμίας γυνὴ μισοῦσα δίκαια· πλούτῳ ὀκνηροὶ [16]
ἐνδεεῖς γίνονται > hebr.

וְעָרִיצִים οἱ δὲ ἀνδρεῖοι = וְחָרוּצִים (Schleusner). 16^b

זֹרֵעַ σπέρμα = זֶרַע (Jäger) | δικαίων schr δίκαιον | Clemens 18^b
136^{47} hat wahrscheinlich den älteren text erhalten: ὁ σπείρων δικαιοσύνην ἐργάζεται πίστιν.

כֵּן υἱὸς = בֵּן (Vogel). 19^a

19ᵇ תְּרַדֵּף רָעָה διωγμός δὲ ἀσεβοῦς = תְּרַדֵּף רַע.

20ᵇ ἐν ταῖς ὁδοῖς αὐτῶν Bב, revisor ἐν ὁδῷ Ayzאה 23 68 106 252 260 295 = דֶּרֶךְ.

21ᵃ ἀδίκως AB振zאהב, ἄδικος richtig Grabe | nach ἔσται + κακῶν yz 23 68 103 252 253 254 295, vor ἔσται dasselbe wort 297: dies gehört einem revisor, der ἀδίκως fand und darin רַע nicht erkannte, רַע mithin nachholen mufste. vgl 17, 5.

21ᵇ s 18ᵇ. daher stammt wenigstens λήψεται μισθὸν πιστόν, was נִמְלָט nicht ausdrücken kann | זֶרַע ὁ σπείρων = זֹרֵעַ.

22ᵃ χρυσοῦν + nach ἐνώτιον yzאה[obel] 23 68 106 109 157 161 248 252 254 260 295 297 Constitt 12^{6} gegen ABב Clem 105^{32}.

23 δικαίου 106 295 und ἀσεβοῦς 157 א[text] möchte ich wegen der abweichung vom hebr text dem δικαίων und ἀσεβῶν der übrigen zeugen vorziehn.

23ᵇ עֶבְרָה ἀπολεῖται = עָבְרָה (Jäger). midrâsch מָהוּ עברה· אָמַר ר׳ יוֹחָנָן שֶׁעָבְרָה תִקְוָתוֹ שֶׁלָּרָשָׁע בְּאוֹתָהּ עֲבָרָה שֶׁעָבַר:

25ᵇ der targum מוֹרָה und יוֹרָה, der Syrer מְאַרַר und יָאַר; was der Grieche gehabt, wird niemand sagen, da grundtext und übersetzung verderbt sind.

26ᵃ echt ὁ συνέχων [verderbt συνάγων 103 253 254] σῖτον ¹) ὑπολείποιτο αὐτὸν τοῖς ἔθνεσιν, also יְשַׁבְּקֵהוּ für יִקְּבֻהוּ (Hitzig) und לְאֻמּוֹת für לְאֹם. revisor ὁ τιμιουλκῶν σῖτον δημοκατάρατος Basilius 153^{11}: dies haben 23 106 א ²) hinter ἔθνεσιν: ebenda, nur ἐπικατάρατος, 106: ὅτι μισυλκῶν σῖτον ἐπικατάρατος 68 hinter 26ᵇ. λαοκατάρατος 252[rand].

27ᵃ שֹׁחֵר τεκταινόμενος = חֹרֵשׁ (Vogel).

28ᵃ nach πλούτῳ + ἑαυτοῦ 23 68 252 y, + αὐτοῦ 103 253 260 295: wegen des suffixes von בְּעָשְׁרוֹ vom revisor hinzugefügt.

28ᵇ der Grieche הַמַּעֲלֶה für וְכֶעָלֶה vgl 14ᵃ und יִפְרַח (Jäger).

29ᵃ in ס doppelt übersetzt: die alte version scheint mir die, welche etwa dem עֹכֵר בֵּיתוֹ הַיּוֹם יַנְחִיל לְבָנָיו אֲנָחוֹת eines midrâsch entsprach: ein revisor brachte aus LXX die beiden hervorstechendsten ausdrücke μὴ συμπεριφερόμενος und ἄνεμον hinein; zu

---

¹) auffallend stimmt der midrâsch אין בר אלא תורה (zum beweis citiert er Ps 2, 12) mit Origenes bei Mai NB VII 19 σῖτος ὁ θεῖος λόγος, ὃν κατακρύψαντες οἱ Ἰουδαῖοι κατέλιπον αὐτὸν τοῖς ἔθνεσιν. | ²) dafs א ἐπικατάρατος lese, ist nicht wahr: über den ersten theil des von ihm gebrauchten Հրապարակաւնէծ Lagarde zur urgeschichte der Armenier 282.

dessen ܚܠܡܐ ܠܐ; vgl Geopon 100, 1 [= ις 4, 2]. der Syrer interessiert uns, weil er für ἄνεμον zeugniss ablegt, ἀνέμους 23 68 106 161 252 254 260 295 297 כאץ Orig III 9[b] wäre רוּחַ und ist als vom masoretischen text abweichend vorzuziehn.

צַדִּיק δικαιοσύνης = צֶדֶק (Schleusner). für δένδρον hat 260 30[a]
ξύλον, wohl aus einem späteren übersetzer. עֵץ = ܩܝܣܐ = αἶθος ist mit ξύλον allerdings besser übersetzt.

der Grieche las וְלֹקֵחַ נֶשֶׁף נֶפֶשׁ חָמָס: Jäger fand wenigstens 30[b]
חָמָס: Ps 119, 147 נֶשֶׁף ἐν ἀωρίᾳ. der kopist, dessen exemplar unsrer version zu grunde liegt, hatte aus versehn נשף für נפש geschrieben: er stellte freilich sofort das richtige hinter das falsche, aber da er נשף zu punktieren vergessen, übersetzte unser interpret getrost beide wörter. doch vgl 10, 6[b]: נֶשֶׁף könnte absichtlich sein.

citiert Petr α 4, 18. בָּאָרֶץ ist falsch, der Grieche hatte es 31
nicht. der zusammenhang fordert einen mit μόγις gleichbedeutenden ausdruck. der ältre Semitismus drückte unsre adverbien durch verba aus (Ewald 285[a]): welches zeitwort hier gestanden kann ich nicht angeben, da vielleicht auch die beiden letzten buchstaben von בארץ falsch gelesen sind.

12

αἴσθησιν ABγzП𝔖, σύνεσιν 297 [corr]. 1[a]

תּוֹכַחַת ἐλέγχους = תוֹכָחוֹת. 1[b]

κυρίου 103 248 253 295, κυρίῳ ABγ, κυρίου θεοῦ 23 252, 2[a]
κυρίου τοῦ θεοῦ 68 z [1]). die alte übersetzung von מֵיְהוָה παρὰ θεῷ steht in 161 am rande und (ohne daſs es jemand gemerkt hat) in allen hdss 2[b] in text. dort ist παρασιωπηθήσεται in παρὰ θῷ und ἡττηθήσεται zu zerlegen: dem κρείσσων 2[a] steht nach griechischem sprachgebrauch ἥσσων gegenüber, παρὰ θῷ wurde zur untern statt zur obern linie gezogen. der Grieche las יַרְשִׁיעַ (Isaj 54, 17 תַּרְשִׁיעִי ἡττήσεις); es ist unmöglich, daſs er יַחֲרִישׁ gehabt und dies παρασιωπηθήσεται übersetzt haben sollte, wie Jäger zum verderben seiner kopisten angegeben, denn יַחֲרִישׁ ist activ und intransitiv, παρασιωπηθήσεται passiv eines transitivum.

---

[1]) Luc 1, 30 εὗρες χάριν παρὰ θεῷ: Prov 16, 11 παρὰ κυρίῳ sprechen für den dativ (Jäger).

2^{b} παράνομος ΑΒyzאחע, φρόνιμος 161^{rand} richtig: auch 14, 17 ist אִישׁ מְזִמּוֹת ἀνὴρ φρόνιμος. der sinn des verses ist: wer bei Jahve gnade gefunden, behält auch da die oberhand, wo selbst der pfiffigste menschenwitz zu schanden wird. die christen verstanden (gott sei dank) den echten sinn des bei Jahve gnade finden nicht mehr; Jahves wohlgefallen ist nicht ein sittlicher willensakt, sondern die laune eines despoten. φρόνιμος wurde in παράνομος geändert, und so dem satz die gewünschte ethische färbung gegeben.

3^{a} יָכִין für יִכּוֹן? sicher מַרְשִׁע für בְּרֶשַׁע.

3^{b} τῶν ἀσεβῶν ἐν ὀχυρώμασιν 161^{rand}, τῶν ἀσεβῶν 109 angeblich im text. mit einem alltäglichen lesefehler aus 12^{b} entnommen.

4^{b} aus בְּעַצְמוֹתָיו machte der Grieche בְּעֵץ מוֹתוֹ (Vogel) | κακοποιὸς drückt mir die vierte form des מְבִישָׁה zu deutlich aus, als daſs ich nicht πονηρὸς 260 für echt halten sollte.

6^{a} אֱרָב־דָּם δόλιοι ABzאע, aber εἰς αἷμα + y 23 68 103 161 248 252 253 254 295, und es lieſse sich denken, daſs vor στομα dies εις αιμα ausgefallen wäre: allein ח schreibt es Σ zu.

6^{b} ὀρθῶν ΑΒyz, ορθον 157 260, ευθειων 23 252, ευθεων 68 106 295.

8^{a} der Grieche sprach יְהַלֵּל; hätte στόμα einen vom nominativ verschiednen accusativ gehabt, so würde er die active form auch im griechischen beibehalten haben: so erhielt er die hebräische wortstellung und opferte die deutlichkeit nicht. שֵׂכֶל für שִׂכְלוֹ συνετὸς wie רְמִיָּה 24^{b} δόλιοι, 27^{a} δόλιος, מִרְמָה 17^{b} δόλιος.

9^{b} ἄρτων Bאחע, ἄρτου Ayz correktur, vgl zu 9, 5^{a} und gleich 11^{a}.

10^{b} vgl zu 26^{b}.

11^{a} ἄρτων ABzחע richtig, ἄρτου א 103.

[11] ὅς ἐστιν ἡδὺς [καὶ ἀνάλγητος + 109] ἐν οἴνων διατριβαῖς, ἐν τοῖς ἑαυτοῦ ὀχυρώμασι καταλείψει ἀτιμίαν > hebr, nur daſs יִתֵּן 12^{b} ein überrest des יַיִן aus dem ersten gliede dieses verses zu sein scheint.

12 = חָמוֹת רְשָׁעִים רָעַת וְשֹׁרֶשׁ צַדִּיקִים מְצֹר: die Masoreten haben מְצוֹד in 12^{a} (so): מְצֹר erkannte Vogel. in 12^{b} bieten z 68 106 161^{rand} 252^{rand} δικαίων für εὐσεβῶν, das gehört einem späteren an = צַדִּיקִים. δικαίων *die übrigen* $ח^{rand}$.

der Grieche sprach מוֹקֵשׁ, παγίδας AByz𝔖 hat seinen ursprung 13a
dem folgenden αὐτῶν zu danken (zu 13b), richtig παγίδα ℵח 68 103 106 147 252.

ἐκφεύγει δὲ ἐξ αὐτῶν ABy, ἐξολισθάνει δὲ ἐξ αὐτῆς 23 13b
68 252, ἐξολισθαίνει δὲ ἐξ αὐτῶν z. sicher ist ἐξολισθαίνει echt und ἐκφεύγει glosse dazu: für αὐτῆς sehr ἀνάγκης: schon Jäger vermuthete ἀναγκῶν. die concordanzen verzeichnen 73 stellen, in denen צָרָה vorkommt. aber nicht immer hat es die bedeutung *bedrängniss*. Prov 23, 27 — nach LXX auch Hier 30, 7 Zach 10, 11 — ist צָרָה adjectiv: Hierem 4, 31 übersetzt der Grieche στεναγμός, dachte also an صرة zähneknirschen [1]) [صرير das schwirren der feder beim schreiben Hariri 669 [2]]: Reg α 1, 6 ist צָרָה = ضرة Freytag III 11a = ܥܪܬܐ Castell ed Michaelis 643 ein *terminus technicus* des semitischen eherechts, Mischna יְבָמוֹת anfang: über Prov 11, 8 siehe oben. von den übrig bleibenden stellen bieten 56 θλῖψις, Eine (Ps 120, 1) θλίβεσθαι, vier (Iob 5, 19. 27, 9 Prov 17, 17 Ps 31, 8) ἀνάγκη: Prov 25, 19 Hier 14, 8. 16, 19 Isaj 46, 7 ist für κακῇ κακῶν ebenso leicht ἀνάγκη ἀναγκῶν geschrieben, wie in unserm verse ἀνάγκης für αὐτῆς.

ὁ βλέπων λεῖα ἐλεηθήσεται, ὁ δὲ συναντῶν ἐν πύλαις [13] [λύπαις Grabe 147] ἐκθλίψει ψυχάς > hebr.

καρπῶν AByzח, καρποῦ 260 ℵ𝔖 ist revision | streiche ψυχή; 14a
> hebr, die griechischen hdss stellen es verschieden, nach ἀνδρὸς y 260, mit folgendem αὐτοῦ nach ἀγαθῶν 23 252, wo 68 ἡ ψυχὴ αὐτοῦ hat. in πλησθήσεται ist ἀνὴρ subjekt.

χειλέων AByzℵ𝔖, χειρῶν richtig 23 157 ח Grabe. 14b

ἀνὴρ > Ay 23 103 106 147 157 161 252 260 295 296 16a
297: die revision strich, was im hebr nicht ausdrücklich dastand.

צֶדֶק δίκαιος = צַדִּיק (Jäger). יְפִיחַ von וָפַח = وفخ hergeleitet. 17a

μάχαιραι muss in μαχαίρᾳ umgeschrieben werden, μαχαίρα 18a
103 109 157 254 meint auch den dativ. ὡς μάχαιρα ist eine erleichterung derer, die in μαχαιρα nicht μαχαίρᾳ erkannten: 68 147 161 yz. Theodotion (ἔστι πεποιθὼς ἐν κεντήματι

---

[1]) Hierem 49, 24 [λ 14] fehlt dem Griechen der in unsre hebr exemplare aus 50, 43 eingeschmuggelte satz, in welchem übrigens צרה nicht anders aufgefasst werden kann als 4, 31: es steht ja neben חבלים.

μαχαίρας) las בָּטַח und בְּמַדְקְרוֹת Cappell crit V 4, 4. 7. בֹּטֶה ἔτρωσε könnte ich nur durch بطّ vermitteln.

19ª הֵבִין לָעַד κατορθοῖ μαρτυρίαν = הֵבִין לָעַד (vgl Jäger).

19ᵇ וָעֵד καὶ μάρτυς = וָעֵד (Vogel).

20ᵇ βουλόμενοι ABYzℵ, βουλευόμενοι richtig ה[rand] 23 Grabe.

21ª יָאנֶה ἀρέτει = נָאוָה.

22ᵇ וְלֹשֵׁי ὁ δὲ ποιῶν = וְלִשְׁתָּה. πίστιν nach אֱמוּנָה z 147[oben].

23ª עָרוּם wird so gewöhnlich πανοῦργος gegeben, daſs wohl auch hier dies wort aus Basilius und 161[rand] statt συνετὸς in den text zu setzen ist: man änderte aus dogmatischen bedenken | כִּסֶּה θρόνος = כִּסֵּא (Jäger).

23ᵇ יִקְרָא (συναντήσεται) wurde für gleichbedeutend mit יִקְרֶה genommen (Jäger) | אִוֶּלֶת ἀραῖς = אָלוֹת (Jäger).

24ª חָרוּצִים ἐκλεκτῶν = חָפֵץ vgl Isaj 54, 12 und חֶמְדָּה Hierem 3, 19. 25, 34 Aggae 2, 7.

25ª δικαίου > hebr y[oben] | יַשְׁחֶנָּה ταράσσει = יְבַהֲשֶׁנּוּ. ܚܘܫ Geopon 87, 26. 88, 15 ἐτάραξε: Geopon 87, 1. 4 ἐκίνησε: ܚܘܫܐ κίνησις 87, 15. بحث nur in der abgeleiteten bedeutung des chaldäischen בְּהַשׁ.

26ª ἐπιγνώμων halte ich für unecht, weil ich nicht einsehe, wie man die gruppe ἐπιγνώμων δίκαιος aus dem hebr text herausbringen will: die wortstellung müſste eine ganz andre sein. ἐπιγνώμων scheint mir glosse zu יֹדֵעַ 10ª, es wird sich zeigen, daſs auch eine zu 10ᵇ gehörige bemerkung bei unserm verse steht. Orig III 9ᵈ ἑαυτοῦ φίλος ἔσται· τοῦτον τὸν στίχον ὅλως οὐ μέμνηται Ὠριγένης, εὑρέθη δὲ ἔν τισιν ἀντιγράφοις· οὔτε γὰρ παρὰ τοῖς ο οὐδὲ παρὰ ἄλλοις κεῖται. nach ἔσται + καὶ τοῦ πλησίον 109.

26ᵇ 1 αἱ δὲ γνῶμαι τῶν ἀσεβῶν ἀνεπιεικεῖς ¹), 2 ἁμαρτάνοντας καταδιώξεται κακά, 3 τοὺς δὲ δικαίους καταλήψεται ἀγαθά, 4 ἡ δὲ ὁδὸς τῶν ἀσεβῶν πλανήσει αὐτούς. von diesen vier theilen fehlt der erste in By, der zweite in y, der dritte in allen auſser in 103 253 ℵ (denn καταλείψεται in 103 ist = καταλήψεται), daſs er aber in den originalen von 23 106 252 295 gestanden hat schlieſse ich daraus, daſs diese hdss für καταδιώξεται 2 καταλήψεται bieten. nun ist 1 nichts anders als

¹) ἐνδεεῖς 254; soll das ἀνελεεῖς und eine neue übersetzung von אכזרי sein?

die echte übersetzung von 10^b, 2 3 (wie Jäger sah) = 13, 21: 4 scheint mir nicht von unserm interpreten herzurühren.

umgestellt יְקַר אָדָם (Vogel). 27^b

בְּאֹרַח ἐν ὁδοῖς = בְּאָרְחוֹת. 28^a

ὁδοὶ δὲ μνησικάκων ABγzℵחפ sieht weniger ursprünglich aus als ἃ δὲ μνησικακῶν 161 rand. ich kenne nur ܚܫܠ ܐܬܚܫܠ für ἐμνησικάκησε Reliqq 20, 6: vermuthen läfst sich, dafs der interpret הָרַךְ gesprochen, und eine dem דָּרַךְ לוֹ Iud 5, 21 ähnliche redensart gekannt hat | אֶל εἰς = אַל Cappell crit V 2, 2. 28^b

13

מוּסַר אָב ὑπήκοος πατρί = נוֹסַר אָב: vgl انقاد er liefs sich führen, انخدع er liefs sich betrügen. 1^a

לֵץ ἐν ἀπωλείᾳ = ܫܠܡ: die drei letzten worte gelten als relativsatz. da kein בֵּן da steht, ändern 23 252 295 297 υἱὸς in ὁ. 1^b

καρπῶν Byzחפ, καρποῦ Aℵ 297 nach פְּרִי | die beziehung auf 11, 30 erkannte Jäger; der übersetzung liegt ein midrâsch zu grunde, den ich nicht auffinden kann. Cappellus crit IV 4, 5 meinte הֻמַּם oder הֵמַּם (so) von מָסַס ausgedrückt: הֻמַּם חָמָס? 2

πιμελείᾳ wollte Jäger in εὐηπελίᾳ ändern. 4^b

Philipp 1, 20 (Jäger). der interpret sprach wohl eher וְיַחְפֵּר als וְיַחְפִּיר. 5^b

> B. Clemens 166^{35} ἡ τοῦ ἀκάκου δικαιοσύνη κωτορθώσει τὴν ὁδὸν αὐτοῦ = 6^a? δικαιοσύνη φυλάσσει ἀκάκους ὁδῷ ¹), τοὺς δὲ ἀσεβεῖς φαύλους ποιεῖ ἁμαρτία Ayzℵחפ 23 68 103 106 109 147 149 161 248 252 253 254 260 296. für רִשְׁעָה braucht man nicht רְשָׁעִים voraus zusetzen, vgl zu 12, 8^a: wegen des ἀσεβεῖς = רִשְׁעָה möchte ich den vers für arbeit des ersten übersetzers halten. ob er dem buche selbst ursprünglich angehört, wird davon abhängen, ob in b חַטָּאת oder רִשְׁעָה subjekt ist: צְדָקָה scheint mir nach 7. 8 nur almosen bedeuten zu können: dann wäre הַחַטָּאת subjekt = vergehn gegen theokratische ordnung. סִלֵּף ist nicht sehr deutlich, doch müfste der sinn sein, die חַטָּאת bewirke schliesslich, dafs der mensch zum רָשָׁע werde. 6

Philipp 2, 8 vgl Cor β 8, 9: in unsrer stelle hat Symmachus πτωχευόμενοι für das ταπεινοῦντες ἑαυτοὺς der LXX (Jäger). 7^b

---

¹) ὁδῷ > 23 106 109 147 252 295 z, ἐν ὁδῷ 103 149 253 corr 254 260 296: ח das entsprechende obelisiert.

9^{a} יִשְׂמַח διὰ παντὸς = יִשְׁבֹּת: ܚܦܝܛ πυκνὸς Geopon 111, 16: ܚܦܝܛ ἤπλωσε 85, 7 (23, 24).

[9] ψυχαὶ δόλιαι πλανῶνται ἐν ἁμαρτίαις, δίκαιοι δὲ οἰκτείρουσι καὶ ἐλεοῦσι > hebr y. das zweite glied = Ps 37, 21^{b}.

10^{a} רַק κακὸς = רַע (Vogel). der jambische tonfall wird nicht unabsichtlich sein.

10^{b} deutlich erinnert der stichos an das γνῶθι σεαυτὸν Plato Protag 343^{b} und Socrates Plato Phaedr 229^{e}.

11^{a} ὕπαρξις AByz, κτῆσις richtig Clem 112^{51} 193^{13}. ὕπαρξις gehört sicher dem Aquila, der הוֹן von ܗܘܐ = הָיָה abgeleitet hat, wie צוּקָה ἐπίχυσις Prov 1, 27 von יָצַק | מְהֻבָּל ἐπισπουδαζομένη [Clem 193^{13} ἐπισπευδομένη] = מְבֹהָל (Vogel).

11^{b} μετ' εὐσεβείας ist (wie μετὰ ἀνομίας 11^{a}) zuthat des übersetzers. עַל יָד auf die hand, das heiſst nur so wenig, als man auf der hand tragen kann: der Grieche ἑαυτῷ, weil er auch aegyptisch sprach und ⲉⲧⲟⲧϥ für ἑαυτῷ zu sagen gewohnt war, עָלֶיךָ aber dem ⲉⲧⲟⲧϥ zu entsprechen schien. δίκαιος οἰκτείρει καὶ κιχρᾷ > hebr, vgl [9]. nach diesem satze hat 248 noch 12^{b}.

12 der Syrer hat offenbar die LXX benutzt, aber in einem von dem unsrigen verschiednen texte ¹), dessen hebr original [טוֹב] מַתְחִיל מַעֲזֹרָה מִתֹּלֶה לֵב וְעֵץ חַיִּים תִּקְוָה תָּבִיא gelautet haben muſs. תָּלָה = *suspensum tenuit* kann ich nicht belegen; ܬܠܐ auch ἐπῆρε Act 27, 40 vgl Athan ܠ 26 und LXX Ps 8, 2 תְּנָה ἐπήρται = ܬܠܐ: daher תְּלִי bügel und ܬܠܝܐ ἐξάνθημα Geop 95, 1 [= ιβ 30, 3]. κρείσσων = מִן Prov 29, 1 (Jäger).

12^{a} κρείσσων [ὁ + Π 297] ἐναρχόμενος [ἐν ἀρχομένοις BΠ, ἐναρχομένου 106] βοηθεῖν [βοηθῶν B, εὖ ποιεῖν βοηθεῖ ϡ, vgl 6, 27^{b}] καρδίᾳ [καρδίαν 103] τοῦ ἐπαγγελλομένου [ἐφελκομένου 252 ²)] καὶ εἰς ἐλπίδα [ἐλπίδας 297] ἄγοντος. > y 68, aber y substituiert δίκαιος οἰκτείρει καὶ κιχρᾷ, vgl zu 11^{b}. diesen satz + nach ἄγοντος $אΠ^{obel}$ 23 149 260 295, vor 12^{a} ϡ.

12^{b} > 106 248; 297 substituiert δίκαιος οἰκτείρει καὶ κιχρᾷ. für ἀγαθή A κακή, Jäger gut ἐπιτυχία ἀγαθοῦ. ἐπιθυμία gehört einem späteren, der תַּאֲוָה wörtlich übertrug: gerade die

¹) der mensch, welcher zu helfen anfängt, ist besser als der, welcher mit hoffnung hinhält, und der baum des lebens trägt hoffnung. | ²) ܬܠܐ εἵλκυσε Geopon 82, 24 = ϡ 9, 11?

ähnlichkeit dieses ἐπιθυμία mit ἐπιτυχία bewirkte, daſs letzteres verdrängt wurde.

καταφρονηθήσεται AByzאפ, richtig καταφθαρήσεται ה 13^a
23 161^{rand}. da καταφθείρειν verhältnissmäſsig selten ist, wurde der text in erinnerung an Tobit 4, 15 Luc 6, 31 Mth 7, 1 geändert.

יְשַׁלֵּם ὑγιαίνει = יחלם im sinne von ܚܠܝܡ ὑγιαίνων ὑγιὴς 13^b
ἰσχύων.

υἱῷ δολίῳ οὐδὲν ἔσται [εστιν 106 109 147 157 z] ἀγαθόν,[13]
οἰκέτῃ δὲ σοφῷ εὔοδοι ἔσονται πράξεις καὶ κατευθυνθήσεται ἡ ὁδὸς αὐτοῦ [αὐτῶν 106 109 147 157 254] > hebr: was nach πράξεις steht > 297.

ἄνους ABzאהפ, αλους 23, ανους αλους y 68 161 248 | 14^b
מִמֹּקְשֵׁי מָוֶת ὑπὸ παγίδος θανεῖται = מִמּוֹקֵשׁ יָמוּת (Jäger), vgl Krüger grammatik 52, 3. 1^{ende}. πεσεῖται 147, ἀπολεῖται 297.

in allen hdss auſser 106 149 252 geht τὸ δὲ γνῶναι νόμον 15^b
διανοίας ἐστὶν ἀγαθῆς voraus. 9, 10^b erkannte Jäger. | ἀπώλεια sehr ἀπεχθεία, denn sonst ist die antithese nicht genau: was der mann statt אֵיתָן gelesen, weiſs ich nicht, da שִׂנְאָה graphisch zu weit abliegt: ܣܢܝܐ ἀπεχθὴς Analecta 171, 9.

מַלְאָךְ βασιλεὺς = מֶלֶךְ (Vogel). 17^a

σοφὸς sehr σαφὴς mit Jäger, der σαφὴς ἔτυμος ἄγγελος 17^b
Aeschyl sieben 82, Φοῖβος σαφὴς Sophocl Oed Col 792 und den scholiasten dazu, φίλος σαφὴς Xenoph mem β 4, 1 vergleicht. πιστὸς 103 253 ist revision.

תּוֹכַחַת ἐλέγχους = תּוֹכָחוֹת | δοξασθήσεται AByzאהפ, 18^b
εὐφρανθήσεται 252 und mit σοφισθήσεται 161^{rand}: letzteres gehört zu 20^a.

daſs der Grieche תַּאֲוַת las, ist klar: ob εὐσεβῶν ABאהפ 19^a
oder ἀσεβῶν yz 68 106 161 295?

וְתוֹעֲבַת ἔργα δὲ = וַעֲבֹדַת (Jäger) | סוּר מֵרָע μακρὰν ἀπὸ 19^b
γνώσεως = סַר מִדַּע (Vogel).

συμπορευόμενος AByz Constitt 178^{17} 202^{20}, συμπεριφερό- 20^a
μενος 68 161, also הֹלֵךְ | σοφὸς ἔσῃ echt B = וֶחְכָּם, σοφὸς ἔσται Azאהפ 106 109 147 149 157 252 253 254 Constitt zweimal = יֶחְכָּם, dem auch σοφισθήσεται 68 161 y entspricht.

wieder συμπορευόμενος Bzה Constitt zweimal falsch, συν- 20^b
ρεμβόμενος A, συρρεμβόμενος yאפ 68 109 147 157 161 248 258 | יֵרוֹעַ γνωσθήσεται = יִוָּדַע (Vogel).

21ᵇ יְשַׁלֶּם καταλήψεται = יַשִּׂיג: es stand ישל׳: in Vogel's יַשִּׂיגֵם wäre das suffix nicht zu brauchen.

22ª κληροδοτήσει 161ʳᵃⁿᵈ: κληρονομήσει rechnet Jäger zu den *verbis neutris active significantibus* und verweist auf Abresch zu Thomas p 298 (Bernard), LBos zu Genes 1, 20.

23ª vorläufig unheilbar: der Syrer benutzte die LXX, aber nicht in unserm text. δίκαιοι ABvzאע, ἁδροὶ 161ʳᵃⁿᵈ ה? Syrer ܐܝܟ ܕܠܐ ܚܝܐ ܠܗܘܢ ܒܘܣܡܐ, was ἄβιοι sein könnte [ܒܘܣܡܐ wie عمر δίαιτα Euseb theoph ε 17[15] βίος Analecta 169, 9]. ποιήσουσιν ABvz, ἀπολαύουσιν ה 252, ἀπολαύσουσιν א 23 106 109 147 157 161ʳᵃⁿᵈ, ἀπολλύουσιν der Syrer, wahrscheinlich ἀπολοῦνται der Slave.

23ᵇ ἄδικοι ABvz, ἔνιοι richtig 161ʳᵃⁿᵈ und der Syrer: ἄδικοι entstand sicher erst, nachdem in 23ª ein seltnes wort in δίκαιοι verändert worden war.

25ᵇ ψυχαὶ sehr ψύαι: denn wenn ψόα für חֹמֶשׁ und כֶּסֶל stehn kann, darf man es auch für בֶּטֶן verwandt glauben. κοιλίαι 161ʳᵃⁿᵈ Clem 64[24] ein revisor.

14

1ᵇ nach ἄφρων + γενομένη 23 297, γινομένη 106, γεναμένη 109 252 | κατέσκαψε [ν B] Bvz, κατέστρεψεν A.

2ª ὀρθῶς φοβεῖται] δικαίως βεβοήθηται 254 aus Prov 28, 18 | θεὸν richtig 109 147 157 297, κύριον ABvzאהע = יְהוָה.

2ᵇ בּוֹזֵהוּ ἀτιμασθήσεται = בְּזָהוּ.

3ᵇ תִּשְׁמוּרֵם φυλάσσει αὐτοὺς = תִּשְׁמְרֵם.

5ᵇ natürlich ψεύδη zu betonen.

7ª לְךָ πάντα = כֹּל (Jäger). vgl 8, 9ª.

7ᵇ וּבַל־יָדַעְתָּ ὅπλα δὲ αἰσθήσεως = וּכְלֵי דַעַת (Jäger).

8ª σοφία πανούργων braucht nicht חָכְמַת עֲרוּמִים als original, σοφὸς πανοῦργος 149 260: σοφία πανούργου 23 revision.

9ª οἰκίαι ist wohl nur um des parallelismus willen hineingekommen, da der mann 9ᵇ בֵּית für בֵּין gelesen: vgl 11ª. παρανόμων Bvz, ἀφρόνων A. für καθαρισμὸν sehr καθυβρισμόν: der Grieche las אֱוִיל מְלִיצָה נִשָּׂה. in אָשָׁם kann ὀφειλήσουσι nicht begründet sein, Tromms konkordanz weist alles erforderliche nach. ὀφλήσουσι 149, ὀφειλήσουσι ABvz; Phrynichus 463 Pollux γ 84 Thomas 260.

ἀνδρὸς > 23 ח nach hebr | ψυχὴ mit א 260 ψυχῇ zu 10a
schreiben, das komma vor λυπηρὰ zu streichen. doch könnte א
անձին aus dem Syrer haben, dessen ܟܪܝܘܬܐ er sein տրտմութիւն
verdankt.

זֵר ὕβρει = 'זד das heiſst זָדוֹן. 10b

κατορθούντων AByz, κατευθυνόντων 103 253. 11b

ἔρχεται ist aus 13b eingedrungen, richtig βλέπει Constitt 12b
178[2].

οὐ προσμίγνυται sehr ὑπομίγνυται, vgl Plato Phileb 47a: 13a
das o von οὐ ist aus dem vorhergehenden ς entstanden, πo las
man als πσ. für λύπη 23 αὔτη.

τελευταία χαρὰ B, τελευταῖα χαρᾶς Ayzח 23 103 149 13b
157 248 253 260, τελευταῖα αὐτῆς ɔ. der Grieche las וְאַחֲרִית
הַשִּׂמְחָה (Jäger).

וּמֵעֲלִילָיו ἀπὸ δὲ τῶν διανοημάτων αὐτοῦ angeblich (Cappellus 14b
crit IV 17, 6) = וּמִמַּעַלְלָיו: allein Buxtorf anticrit 579 hat ausreichend nachgewiesen, daſs dies falsch ist. JChDöderlein vergleicht
Zach 1, 6. danach + κατορθώσει א 23 106. vgl zu 15, 24.

Job α 4, 1. Jäger vergleicht Hesiod ἔργα 372 Phaedrus III 15a
10 *periculosum est credere et non credere.*

für לְאַשְׁרוֹ der Grieche לְאַשְׁמוֹ (Jäger). 15b

μίγνυται πεποιθὼς 23 Clemens 162[49]. die übrigen ἑαυτῷ 16b
πεποιθὼς μίγνυται [ἐπιμίγνυται 149 260, προσμίγνυται 106]
ἀνέμῳ [ἀφειδῶς 149 260]. für מִתְעַבֵּר der Grieche מִתְקָרֵב
Cappell crit IV 7, 3.

יְקַנֵּא ὑποφέρει = יִשָּׂא oder יְנַשֵּׂא (Vogel). 17b

יַכְתִּירוּ κρατήσουσιν = יִתְרוּ: כָּתַר ist neben עָטַר im ge- 18b
brauch. ܝܬܪ ἐκέρδανεν Analect 174, 25.

aus Jägers buch stammen die citate Xenoph Cyrop η 1, 6. 19b
3, 47. 6, 14.

לְרָעֵהוּ πένητας oder πένητα = לְרָשׁ Cappell crit IV 17, 10. 21a

עֲנִיִּים πτωχοὺς mit dem כְּתִיב, Cappell ebenda. 21b

Grabe und der von Jäger citierte Wesseling observv 150 22
sahen, daſs der vers in doppelter übersetzung vorliegt. echt οὐκ
ἐπίστανται ἔλεον καὶ πίστιν τέκτονες κακῶν, ἐλεημοσύναι δὲ
καὶ πίστεις παρὰ τέκτοσιν ἀγαθοῖς = (ידעו gab Wesseling
an) לֹא יָדְעוּ חֹרְשֵׁי רָע חֶסֶד וֶאֱמֶת׃ חֶסֶד וֶאֱמֶת חֹרְשֵׁי טוֹבִים. die
jüngere übersetzung ist sehr alt, da auch sie vom masoretischen

texte abweicht: πλανώμενοι [+ ἄδικοι z 103 106 109 147 157 252 253 295 297] τεκταίνουσι κακά, ἔλεον δὲ καὶ ἀλήθειαν τεκταίνουσιν ἀγαθοί. alle zeugen haben beide versionen und zwar die jüngere vor der älteren.

23ª der stichos ist doppelt übersetzt: ἐν παντὶ μεριμνῶντι ἔνεστι περισσόν, und als gegensatz dazu ὁ δὲ ἡδὺς καὶ ἀνάλγητος ἐν ἐνδείᾳ ἔσται: doch möchte ich ὀδύνῃ für ἐνδείᾳ lesen, ἐνδείᾳ kam aus der jetzt verlorenen übersetzung von 23ᵇ herein. mir scheint unverkennbar die hand eines christen thätig gewesen zu sein, der an Lucas 16, 19-31 und 10, 42 dachte. am deutlichsten wird dies durch den Syrer, der ohne zweifel die LXX vor augen hatte. *in allem deinen sorgen ist Eins, das nützlich ist: der, welchem es im leben knapp geht, wird es behaglich und bequem haben: jeden schmerz heilt der herr, und die rede der lippen der gottlosen bringt sie zu schaden.* ἕν ἐστι für das ἔνεστι der drucke auch עא 149 161. einmal las man ܡܣܟܝܢ = ein vornehmer mann, und zwar als subjekt, und malte dies mit den ausdrücken von Luc 16 aus: dafs man mit μεριμνῶντι עָצֵב voraussetzte, sah Hitzig. beim Syrer schr ܟܐܒ für ܘܟܐܒ, sein πᾶν ἄλγος κύριος [= κσ] ἰᾶσεται ist aus ἀνάλγητος ἔσται entstanden.

23ᵇ > jetzt, allenfalls ist ἐν ἐνδείᾳ 23ª ein rest.

24ª עֲשָׁרָם πανοῦργος = עָרְמָה: πανουργία עא 296 wäre עָרְמָה. der revisor πλοῦτος αὐτῶν Πyz 68 106 109 147 149 252 260 295 297: daraus verdorben πλοῦτος ἄρτων 23.

24ᵇ = לִוְיַת כְּסִילִים אִוֶּלֶת: denn ܠܘܝܐ συνοδία Luc 2, 44: gesellschaft Didasc 78, 21.

25ᵇ δόλιος = מִרְמָה vgl zu 12, 8ª.

27ª יִרְאַת πρόσταγμα = תּוֹרַת (Jäger). revisor φόβος yz 23 106 109 147 157 252 295.

28ᵇ רָזוֹן δυνάστου = רָזוֹן.

31ª עֹשֵׁק συκοφαντῶν, wie ܥܫܘܩ Analect 92, 3 Reliqq 31, 5 Tit Bostr 5, 12 | חֹרֵף sah der interpret als causativ von ܚܪܝܦ ὀξύς Didasc 12, 24 an.

32ᵇ בְמוֹתוֹ τῇ ἑαυτοῦ ὁσιότητι = בְּתֻמּוֹ (Jäger).

33ª ἀνδρὸς schr ἔνεδρος vgl Sophocl Philoct 154 (Jäger). dafür der revisor ἀναπαύσεται 23 254 297 א Constitt 65[14] oder ἀναπαύεται 106 149 252 260 295, ἀνδρὸς ἀναπαύσεται yz 68 109 157 161, ἀνδρὸς ἀναπαύεται 147.

וְחָסֵר ἐλασσονοῦσι δὲ = וְחֶסֶר (Jäger). 34^b
וְעֶבְרָתוֹ τῇ δὲ ἑαυτοῦ εὐστροφίᾳ = וְעָרְמָתוֹ (Jäger). 35^b

15

ὀργὴ ἀπόλλυσι καὶ φρονίμους ist eine zweite deutung von 1^a
14, 35^b: מֵבִין (für מֵבִישׁ) fand Jäger | λόγος μὴ ἀντιπίπτων
καταπαύσει θυμὸν Victor von Antiochien bei Parsons [יַשְׁבִּית
für יָשִׁיב?], ἀπόκρισις ὑποπίπτουσα ἀποστρέφει θυμὸν ABγz
אחכ Orig II 42^f, nur schieben unsre zeugen meist δὲ nach ἀπόκρισις ein.

λυπηρὸς ABγz, σκληρὸς 23 106 252 aus Aquila: א mag 1^b
sein sonst σκληρὸς ausdrückendes խիստ aus ס ܩܫܝܐ haben.

ἀγαθούς τε καὶ κακοὺς א 23 149 252 260 295 als von der 3^b
hebr wortstellung abweichend vielleicht älter als κακούς τε καὶ
ἀγαθοὺς ABγzחכ, obwohl es so nahe liegt die guten voraus-
zustellen, daſs jene 6 zeugen vielleicht gar keine diplomatische
gewähr für ihren text hatten.

συντηρῶν ABγz, φυλάσσων 23 106 161^{rand} 252. dies 4^b
können nur verschiedne übersetzungen sein (eine glossierung
würde man weder bei συντηρῶν noch bei φυλάσσων für nöthig
gehalten haben), verderbt sind sie alle beide.

μυκτηρίζει ABγz, διασύρει 161^{rand} wohl aus Aquila, der 5^a
נִאֵץ stets διέσυρεν übersetzt | ἐντολὰς ABγzכ, ἐλέγχους richtig
23 אה Basilius = תּוֹכַחַת. *alle ebenso* $ה^{rand}$.

echt ἐν πλεοναζούσῃ δικαιοσύνῃ ἰσχὺς πολλή, οἱ δὲ ἀσε- 6
βεῖς ἐλόρριζοι ἐκ γῆς ὀλοῦνται [oder ἀπολοῦνται B], revisor
οἴκος [so 147, οἴκοις ABγzחכ, οἶκοι א] δικαίων ἰσχὺς πολλή,
καρποὶ δὲ ἀσεβῶν ἀπολοῦνται [ὀλοῦνται 252, ἀπόλλυνται z].
von 6^b noch eine dritte übersetzung λογισμοὶ δὲ ἀσεβῶν ἐκριζωθήσονται in 23. den echten text scheint als solchen schon
Jäger erkannt zu haben, der בְּרֹב צֶדֶק und נֶעְקָר [oder נֶעְקָרֶת]
als die ausgedrückten lesarten angiebt. ἐλόρριζοι ὀλοῦνται beruht
wie ἐκριζωθήσονται auf einer fehlerhaften ableitung des נֶעְכָּר
von ܥܩܪ. für 'וּבִתְבוּאַ hatte der alte übersetzer וּמִתְּבַל, der revisor וּתְבוּאַת, der dritte gar וְחִשְּׁבֹנוֹת, was weiter נֶעְקָרֶת beizu-
behalten nöthig macht. den echten text und den des revisors
nach einander ABγzאכ, der des revisors fehlt in 103 297, ה hat
zwischen obelis vor der jüngeren revision ἐν πλεοναζούσῃ δικαιοσύνῃ ἰσχὺς πολλή, λογισμοὶ δὲ ἀσεβῶν ἐκριζωθήσονται

und zum zweiten gliede dieser composition hemistich [b] der echten LXX als randnote.

7a יְזָרוּ δέδεται = יֵזֹרוּ: an זרר dachte Vogel.

7b echt καρδίαι und ἀσφαλεῖς, was 103 109 147 149 260 nach dem hebr in καρδία und ἀσφαλὴς geändert haben. οὐχ οὕτως 161[rand] = לֹא־כֵן.

8a θυσίαι ABγאחע, θυσία z 103 109 253 nach זֶבַח.

8b εὐχαὶ ABγz, προσευχαὶ 23 252, ein plural אח, προσευχὴ und nachher δεκτὴ 297 nach תְּפִלַּת.

10a רָע ἀκάκου, schr κακοῦ (Jäger) | לְעֹזֵב אֹרַח ὑπὸ τῶν παριόντων = לְעֹבְרֵי אֹרַח (Jäger).

13b ἐν δὲ λύπαις οὔσης σκυθρωπάζει = וּבְעַצְּבַת נְכֵא. also לֵב und רוּחַ fehlen dem Griechen. nach οὔσης + 103 252 253 אח[obel] 23[obel] πνεῦμα = רוּחַ.

14a נָבוֹן ὀρθὴ = נָכֹן (Jäger?).

14b וּפְנֵי (also וּפְנֵי, aber corrigiert) στόμα δὲ = וּפִי (Cappellus) | יִרְעֶה γνώσεται ABγzאחע = יֵדַע, ζητεῖ 23 109 147 157 252 295 = יִבְעֶה [ܢܒܥܐ ח[rand]].

15a πάντα τὸν χρόνον οἱ ὀφθαλμοὶ τῶν κακῶν προσδέχονται κακά = כָּל־יוֹם עֵינֵי רָעִים רֹאת רָעָה. Vogel gab עֵינֵי an. die drei letzten wörter sahen abgekürzt gleich aus: רע' kann durch ה ת und ם ergänzt werden.

15b מִשְׁתֶּה ἡσυχάζουσι = מַשְׁבִּית vgl ܠܡܫܒܬ Hebr 4, 9.

16b meine vor jahren gemachte änderung von ἀφοβίας in ἀσεβείας bestätigen ח 23 252.

17a μετὰ vor λαχάνων ist vielleicht nur ein schreibfehler einer stammhds [Bאח], > Ayz 68 103 106 147 149 157 161 248 253 260.

17b echt ἡ παράθεσις μόσχων (מִכְּרַת אֲבִירִים) ABγzע, revisor ἡ μόσχος ἀπὸ φάτνης (מִשּׁוֹר אֲבוּס) 252 295 אח Orig IV 243 und mit dem schreibfehler μόσχον 23 149[rand]. man denke nur מכר' אבר' und משר אבס geschrieben.

18 zwei versionen desselben textes stehn nebeneinander (Schleusner). echt ist ὁ ἀσεβὴς, denn es setzt חָמָס für חֵמָה voraus.

19a das sprachgefühl war bei unserm übersetzer noch lebendig genug, um ihn in מְשֻׂכַת ein particip [מְשֻׂכֶּכֶת] sehn zu lassen, während die gelehrten neuen darin ein hauptwort erblicken. der weg ist nicht wie eine dornenhecke, sondern wie ein mit dornen eingehegter weg: כְּ mufste zum praedikat hinzugefügt werden, weil דֶּרֶךְ nicht eigentlich, sondern bildlich zu verstehn ist.

סְלֻלָה τετριμμέναι ABy, συντετριμμέναι 106, τετυμμέναι z, 19b
λεῖοι 23 109 149 260, λεῖαι 147 252 295.

ἐνδεεῖς φρενῶν entspricht so deutlich dem לַחֲסַר לֵב, dafs ich 21a
glaube ἐνδεεῖ ändern zu dürfen. σ entstand aus φ. für den unverständigen ist thorheit eine freude = der unverständige hat oder geht narrenwege: τρίβοι wurde gewählt, weil 21b das bild vom wege hergenommen ist.

τιμῶντες AByzאחע, τιθέντες 297 wahrscheinlich richtig. 22a

וּבְרֹב ἐν δὲ καρδίαις = וּבְלֵב (Vogel) | am ende + עֵצָה 22b
(Hitzig).

Hesiod ἔργα 296 Livius 22, 29 *saepe ego audivi, ... qui nec* 23
ipse consulere nec alteri parere sciat, eum extremi ingenii esse (Jäger).

allerdings wird Ezech 11, 5 מַעְלָה διαβούλιον übersetzt, al- 24
lein erst das dabeistehende הַחֹשְׁבִים macht dort diese übertragung möglich. Jäger hätte also nicht an מַעְלָה „*cogitatio*" denken sollen.

κύριος = יְהוָה AByzאחע, richtig θεὸς 161rand. 25a

σώζεται AByz, ζήσεται wörtlich = יִחְיֶה 23 103 252 253. 27b
das manuscript, aus welchem der Grieche übersetzte, enthielt von erster hand 16, 6-9 nicht, 16, 1-3. 5 überhaupt nicht. mit 15, 27-29 lief ein nach semitischer anschauung *rectum folium* aus, und auf dem linken rande desselben war 16, 6-9 so nachgetragen, dafs 16^6 neben 15^{27}, 16^7 neben 15^{28}, 16^8 neben 15^{29} zu stehn kam, während 16^9 seine stelle unter 16^8 am untern rande fand. der übersetzer nahm nun an, dafs 16^6 hinter 15^{27} gehöre, und so fort. daher die stellung der verse in LXX. meine anmerkungen folgen der anordnung des masoretischen textes.

לַעֲנֹת πίστεις ABy, πίστιν z 109 147 157 254 297. 28a

מְאֹר עֵינַיִם ist das, was die augen hell macht, und die augen 30a
werden hell, wenn sie etwas schönes sehn. in LXX darf man καλὰ nicht unterschätzen. da 106 ὀφθαλμοῖς bietet, möchte ich θεωρεῖν ὀφθαλμοῖς καλὰ für den echten text halten.

für πιαίνει 23 λειπενι = λιπαίνει (161rand). 30b

> LXX. in AByאע fehlt der vers, Oskan hat ihn in א 31
nachgetragen. חrand versichert ᾿ΑκΣΘΕ hätten wie חtext, das

heiſst auf Deutsch, ח[text] ist aus ᾽ΑκΣΘΕ genommen. οὖς ἀκοῦον [ἀκούων 23 103] ἐλέγχους ζωῆς ἐν μέσῳ σοφῶν αὐλισθήσεται 23 103 253: ebenso, nur zu anfang ὁ εἰσακούων z 106 109 147 149 252 260 (ἐλέγχων 297!). man sprach also תּוֹכָחוֹת.

32ª μισεῖ für מֹאֵס ist nicht gewöhnlich, 161[rand] hat angeblich auf ἐλέγχους bezogen καταφρονησιν, daraus ist καταφρονεῖ oder καταφρονήσει als zweite übersetzung von מֹאֵס leicht herzustellen.

32ᵇ וְשׁמֵעַ תּוֹכַחַת ὁ δὲ τηρῶν ἐλέγχους = וְשֹׁמֵר תּוֹכָחוֹת (vgl Jäger). κτᾶται φρόνησιν steht in 297 vor, in אה für ἀγαπᾷ ψυχὴν αὐτοῦ ABγz (τὴν ἑαυτοῦ ψυχὴν 23 149 252 260 295, την ψυχην αυτου 103, ψυχὴν ἑαυτοῦ 106): welche dieser übersetzungen von קֹנֶה לֵּב ist die echte? vgl 19, 8. Jäger verglich zu ἀγαπᾷ קנא.

33ª κυρίου = יְהוָה ABγzאהע, richtig θεοῦ 149 260 | מוּסַר חָכְמָה παιδεία καὶ σοφία = מוּסָר וְחָכְמָה.

33ᵇ revisor [nur dessen text Bא[text]ה] καὶ ἀρχὴ [1]) δόξης ἀποκριθήσεται αὐτῇ [2]) [also עֲנָוָה], echt προπορεύεται [3]) δὲ ταπεινοῖς δόξα = וְלִפְנֵי עֲנָוִים כָּבוֹד. die echte übersetzung mit der späteren zusammen Aγzא[rand]ע 68 106 149 161 248[obel] 252 254 260 296. vgl Isaj 4, 5[ende].

16

[4]) 1-3 des masoretischen textes las der Grieche sicher nicht, aber auch der meines wissens in allen hdss der LXX stehende 5 vers fehlte ihm. die übersetzung dieses aus 11, 20ª 21ª zusammengestoppelten verses wäre von unserm interpreten wohl nicht so kümmerlich aus den bruchstücken verschiedner versionen zusammengesetzt worden. für die acht hemistichen 1-3. 5 hatte unser freund acht andre: 1 ὅσῳ μέγας εἶ, τοσοῦτον ταπείνου σεαυτόν, καὶ ἔναντι κυρίου τοῦ θεοῦ εὑρήσεις χάριν. 2 πάντα τὰ ἔργα τοῦ ταπεινοῦ φανερὰ παρὰ τῷ θεῷ, οἱ δὲ ἀσεβεῖς ἐν ἡμέρᾳ κακῇ ὀλοῦνται. 3 ἀρχὴ ὁδοῦ ἀγαθῆς τὸ ποιεῖν τὰ δίκαια, δεκτὰ δὲ παρὰ θεῷ μᾶλλον ἢ θύειν θυσίας. 4 ὁ ζητῶν τὸν κύριον [schr aus Cassian θεὸν] εὑρήσει γνῶσιν μετὰ δικαιοσύ-

---

[1]) ich möchte ἀρχῇ schreiben. | [2]) αυτω A 23 103 106 253. | [3]) προσπορεύεται A 252 254, nachher ταπεινος A, ταπεινων 106. | [4]) ich muſs dem leser überlassen aus Parsons anmerkungen sich selbst herauszusuchen, wo und wie die anzuführenden verse in den hdss stehn.

νης, οἱ δὲ ὀρθῶς ζητοῦντες αὐτὸν εὑρήσουσιν εἰρήνην. ein späterer (wahrscheinlich Theodotion) ergänzte 1 τῷ ἀνθρώπῳ προθέσεις καρδίας, καὶ παρὰ κυρίου ἀπόκρισις γλώσσης. 2^b καὶ ἑδράζων πνεύματα κύριος [dies hemistich nach ח aus Θ]. 3 κύλισον ἐπὶ κύριον τὰ ἔργα σου, καὶ ἑδρασθήσονται οἱ λογισμοί σου.

echt πάντα τὰ ἔργα τοῦ κυρίου μετὰ δικαιοσύνης, φυ- 4
λάσσεται δὲ ὁ ἀσεβὴς εἰς ἡμέραν κακήν. also פַּעַל für פָּעַל, וְגַמָּד für וְגַם (ר des folgenden רָשָׁע ist als ד mit וגם verbunden): vgl גַּמָּד Ezech 27, 11 φύλαξ. jüngere übersetzung von 4^a πάντα εἰργάσατο ὁ κύριος δι᾽ ἑαυτόν.

χείλεσι ABγzכהא, wahrscheinlich echt γλώσσης 149 260. 10^a

der Grieche בְּאֹזְנַיִם, מִשְׁפָּט als praedikat (Jäger) | κυρίῳ B, 11^a
κυρίου A 149 260, eins von beiden כהא, richtig θεῷ yz 103 106 161 248 252 253 254.

Βασιλεῖ ABγzכא, revisor Βασιλεῦσιν ח 23 149 260 | עֲשׂוֹת 12^a
ποιῶν = עֹשֶׂה: aus עש׳ konnte man beides machen.

am ende ἀρχῆς würde מַמְלָכָה voraussetzen, ἀρχῆς > 103. 12^b

וּדְבַר יְשָׁרִים λόγους δὲ ὀρθοὺς = וְדִבְרֵי יֹשֶׁר | am ende + 13^b
ὁ κύριος yz 68 103 161 248 253, + κύριος 106 254 296, eines von beiden + הא.

מַלְאֲכֵי ἄγγελος = מַלְאַךְ. 14^a

חַיִּים בִּפְנֵי־מֶלֶךְ ζωῆς υἱὸς βασιλέως = חַיִּים בֶּן־מֶלֶךְ (Jäger). 15^a
υἱοῦ βασιλέως ζωὴ 23 161 rand entspricht unserm texte mehr, setzt aber immer noch בֶּן für פְּנֵי voraus.

für קְנֹה 16^a wie für קְנוֹת 16^b der Grieche gleichmäßig קִנּוֹת 16
= νοσσιαὶ (Jäger): es stand קנ׳ da. vgl Epiphanius oben zu 8, 22^a. Jäger verweist auf Plato Theaetet [197^e].

zwischen 17^a und 17^b fügt der Grieche ein: μῆκος δὲ βίου [17]
ὁδοὶ δικαιοσύνης. ὁ δεχόμενος παιδείαν ἐν ἀγαθοῖς ἔσται, ὁ δὲ φυλάσσων ἐλέγχους σοφισθήσεται.

echt ὁ δὲ ἀγαπῶν ζωὴν φείσεται στόματος αὐτοῦ [1]), also 17^b
דַּרְכּוֹ für דְּרָכָיו. revisor ὃς φυλάσσει τὰς ἑαυτοῦ ὁδούς, τηρεῖ τὴν ἑαυτοῦ ψυχήν: דַּרְכּוֹ. alle zeugen haben beide übersetzungen, und zwar die jüngere vor der alten.

---

[1]) ἀγαπῶν δὲ ζωὴν αὐτοῦ ABγz, wie oben 23 106 149 260: φυλάσσεται für φείσεται 103.

20[b] richtig *θεῷ* B: *κυρίῳ* Ayz 68 147 157 161 248 253 254 297, *κύριον* 103 106 109, eines der beiden עתא.

21[a] *σοφοὺς καὶ συνετοὺς* ABγz, *συνετοὺς καὶ σοφοὺς* 252, *σοφοὺς καὶ φρονίμους* Clem 170[7]. dem לַחֲכַם־לֵב entsprach in der alten übersetzung nur *σοφούς*, *καὶ συνετοὺς* und *καὶ φρονίμους* sind spätere übersetzungen von נָבוֹן, gehören also auch gar nicht in den text und nicht hinter *σοφούς*, sondern als glossen zu *φαύλους*. für נָבוֹן der Grieche נָבָל (Jäger).

21[b] das abstractum מֶתֶק konnte der Grieche für das adjectiv מָתוֹק nehmen, vgl zu 12, 8[a].

22 der Grieche verstand oder las לִבְעָלָיו; für אִוֶּלֶת hat er nicht אֱוִיל gelesen, er liebt substantiva nicht als praedikat.

23[b] יוֹסִיף *φορέσει* = יְקַבֵּל, indem der erste buchstabe des folgenden לֶקַח mit zu יֹסִף gezogen wurde.

24[b] sehr *γλύκασμα δὲ ἀκοὴ καὶ ἴασις ψυχῆς* aus 23 252. für *ἀκοὴ καὶ* Bח *αὐτοῦ*, Ayzעתא usw *αὐτῶν*. hebräisch müſste 24[b] מָתוֹק שֶׁמַע · לַנֶּפֶשׁ מַרְפֵּא gelautet haben.

26[b] doppelt da (Jäger) [1]), aber beide übersetzungen rühren vom ersten interpreten her, welcher in der weise des midrâsch satz und gegensatz aus dem hemistich herauserklärte. *ἐκβιάζεσθαι* muſs *wegdrängen* bedeuten; אָכַף = כָּפָה Buxtorf 1070, aus פִּיהוּ wurde פִּידוֹ (Hitzig). im gegensatz כִּי כְפִיף · עָלָיו פִּיהוּ פִּידוֹ, und füglich konnte כַּף = ܟܒܟ existieren, s zu 4, 3[b].

27[a] *ὀρύσσει ἑαυτῷ κακὰ* nicht echt; aus dem ende von 30 ist *οὗτος κάμινός ἐστι κακίας* = כּוּר הָרָעָה herauſzunehmen, das schon Jäger zu 27[a] zog.

27[b] צָרֶבֶת *θησαυρίζει* = צְבִירָה. כְּאֵשׁ, weil das feuer nicht eigentliches feuer ist. an צָבַר (Buxtorf 1885) dachte schon Jäger.

28[a] *διαπέμπεται κακὰ* ABγzעתא, *ἀποστέλλει ἀντιδικίαν* 161 rand aus einem späteren | daſs *λαμπτῆρα δόλου πυρσεύει κακοῖς* nach einem tragiker klinge, fühlte Jäger. aus וְנִרְגָּן sind zwei worte geworden, von denen וְנֵר [2]) sich erkennen läſst. die Masoreten schreiben das zweite Nun von נרגן klein; es wird in ihrem archetypus auf einer radierten stelle gestanden haben. zuletzt las der Grieche אֱלֹהִים.

---

[1]) 1 καὶ ἐκβιάζεται αὐτοῦ τὴν ἀπώλειαν, 2 ὁ μέντοι σκολιὸς ἐπὶ τῷ ἑαυτοῦ στόματι φορεῖ τὴν ἀπώλειαν. | [2]) λαμπτήρ von den signalfeuern Aeschyl Agam 22.

deutliche reminiscenz aus einem iambiker, wenn der interpret 29a
nicht etwa selbst iambischen tonfall suchte.

ἀπάγει αὐτοὺς ABzאחפ, ἀπαγγέλλει αὐτοῖς 297. 29b

ὁρίζει By, ὀργίζει A, dafür richtig ἐπιδάκνων z 23 106 109 30b
147 149 157 252 260 295 297 und nachher + ὁρίζει vor πάντα.
aus כַּלָּה רָעָה wurde כל הרעה : כַּלָּה כָּל־הָרָעָה erkannte Jäger.
über den zusatz s zu 27a.

ende + καὶ ἀνὴρ φρόνησιν ἔχων γεωργίου μεγάλου Aא 32a
68 103 106 149 161 248 252 254 260 296 aus 24, 5b (Jäger).

πάντα für הַגּוֹרָל ist vom würfelspiel hergenommen = *alle* 33a
augen, vgl die ausleger zu Petronius 37.

17

חֲרָבָה μεθ' ἡδονῆς = עֲרֵבָה (Jäger zweifelnd). 1a

οὕτως ἐκλέγεται καρδίας ὁ [ὁ > 149 260 Clem, der dafür 3b
ἀνθρώπων einschiebt] κύριος 23 149 260 ח Clem 172[23], οὗτος
ἐκκέεται καρδία παρὰ κυρίῳ 103, οὕτως ἐκλεκταὶ καρδίαι παρὰ κυρίῳ ABy z: nur θεῷ A richtig mit 254 297. בֹּחֵר?

מֵזִין nach Vogel = מַאֲזִין. schr ἄδικος δὲ προσέχει mit 4b
חtext y 68 161 248, δίκαιος δὲ οὐ προσέχει ABzאחmarg פ.

+ τοῦ πιστοῦ ὅλος ὁ κόσμος τῶν χρημάτων, τοῦ δὲ ἀπί- [4]
στου οὐδὲ ὀβολὸς Ayאחפ 23 68 103 106 149 161 248 252 253
254 260 [ὁ κόσμος ὅλος 106]. ebendiesen vers haben Bz nach
6, und da gehört er auch hin. denn er ist eine umdeutung von
7. man las לֹא נָוָה לְנָבָל אַף כִּי לְנָדִיב שְׂפַת יֶתֶר, und änderte
beim übersetzen die reihenfolge der stichen.

חֵרֵף παροξύνει, vgl zu 14, 31a. 5a

לְאֵיד ἀπολλυμένῳ = לְאֹבֵד? oder wie 12, 8a? ὁ δὲ ἐπι- 5b
σπλαγχνιζόμενος ἐλεηθήσεται > hebr.

πιστὰ ABzאחפ, richtig περισσὰ Grabe. 7a

μισθὸς χαρίτων ἡ παιδεία τοῖς χρωμένοις schr σταθμὸς 8a
χαρίτων ἡ ἐπίδοσις τοῖς δομένοις.

יַשְׂכִּיל εὐοδωθήσεται = יַכְשֵׁר oder יַכְשִׁיר. 8b

וְשֹׁנֶה בְדָבָר, wo הַדָּבָר auf das 9a genannte zurückweist = 9b
ܣܢܐ. וְשֹׂנֵא fand Vogel.

תֵּחַת συντρίβει = תָּחַת (Jäger) | בְּמֵבִין καρδίαν φρονίμου 10a
= לֵב מֵבִין.

der Grieche בְּהַכֹּת כְּסִיל מְאֹם (Jäger). 10b

יְבַקֶּשׁ ἐγείρει = יְבַחֵשׁ vgl zu 12, 25. 11a

12ᵃ der Grieche פָּגַשׁ דְּאָבָה בְאִישׁ שֵׂכֶל (Jäger).

14 Jäger hätte nicht nöthig gehabt daran zu zweifeln, dafs unser Grieche (Jäger verweist auf Ps 22, 8) מִפִּים für מֵיִם gelesen. δικαιοσύνης ist aus διαδικασίας, wie ἐνδείας aus ἀναιδείας [vgl 18, 1ᵇ] verderbt (Jäger).

15ᵇ der alte that mit seinem θεῷ dem sinne völlig genug, der revisor κυρίῳ καὶ ἀμφότεροι הא 23 106 [καὶ > א 106].

[16] ὃς ὑψηλὸν ποιεῖ τὸν ἑαυτοῦ οἶκον, ζητεῖ συντριβήν· ὁ δὲ σκολιάζων τοῦ μαθεῖν ἐμπεσεῖται εἰς κακά. = 19ᵇ und aus 20 עִקֶּשׁ־לֵב יִפֹּל בְּרָעָה.

17ᵃ הָרֵעַ als imperativ IV von רעה (Jäger) im sinne von II Iud 14, 20 = *adiunge tibi socium.*

18ᵇ τῶν ἑαυτοῦ φίλων B, τὸν ἑαυτοῦ φίλον Ayz 68 103 106 109 147 149 157 161 248 253 254 260 295 296 297 und (unter verweisung auf Salmasius de modo usur 700) Jäger, τοὺς ἑαυτοῦ φίλους 23 252.

[18] alle zu 18ᵇ genannten zeugen aufser ABy + ἐπὶ δὲ τῶν ἑαυτοῦ χειλέων καὶ ὁδῶν [καὶ ὁδῶν > z 109 147 157 297] πῦρ θησαυρίζει. dadurch wird 19 wieder vollständig, dessen ᵇ der Grieche nach 16 gehabt hatte.

19ᵇ s zu 16 und [18]. in 23ᵒᵇᵉˡ 103 106 149 252 253 260 295 הא^obel aus einem späteren [+ ὁ?] ὑψῶν θύραν αὐτοῦ [ἑαυτοῦ] ζητεῖ συντριβήν. in א sehr զղուռն für զդուռն, wenn nicht etwa die in den andren bei 16 stehende übersetzung in א auch hier verwendet ist.

20ᵃ עִקֶּשׁ־לֵב ὁ δὲ σκληροκάρδιος = וּקְשֵׁה לֵב.

21ᵃ יֹלֵד καρδία = לֵב (Jäger).

[21] υἱὸς δὲ φρόνιμος εὐφραίνει μητέρα αὐτοῦ > hebr.

22ᵃ für גֵּהָה hatte gewifs auch der Grieche ein *leib* bedeutendes wort: der Syrer ܓܘܝܘܬܐ, der Chaldäer (nach dem Syrer ¹)) גֵּיוָא: Vogel meinte גֵּוָה von den beiden gelesen.

23ᵃ λαμβάνειν ἐν κόλπῳ ist gesagt wie *boire dans une tasse.* griechisch sagt man nur λαμβάνειν ἐκ τόπου, παρὰ (ἀπὸ selten)

¹) ich erinnere gern an Joh Aug Dathe's abhandlung in seinen von EFK Rosenmüller 1796 gesammelten *opusculis* 106 ff, einmal, weil ich aus Dathe's syrischem psalter vor 21 jahren angefangen habe syrisch zu lernen, und dann, weil auch diesem verdienten gelehrten heutzutage von seinen abschreibern die ihm gebührende ehre verkümmert wird.

τινός; so vermuthe ich, dafs eine aegyptische ausdrucksweise zu grunde liegt.

לְהַבִּיט konnte aramäisch nur ܠܡܣܒ ܐܦܐ gegeben werden. als 23[b]
nun der midrasch versuchte, die verschiednen „antlitze" des verses zu „entschleiern", wurde aus diesem ܐܦܐ ܠܡܣܒ leicht ܐܦܐ ܠܡܣܒ gemacht. so entstand eine doppelte übersetzung des hemistichs: οὐ κατευοδοῦνται ὁδοὶ und ἐκκλίνει γὰρ ὁδοὺς δικαιοσύνης. die zweite steht in der eben angegebnen form in 23 252 295: AByzא בּ haben nach dem ὁδοὶ der ersten deutung den in ה fehlenden satz ἀσεβὴς δὲ ἐκκλίνει ὁδοὺς δικαιοσύνης. in ἀσεβὴς δὲ erkannte Jäger mit hilfe der hexapla eine spätere übersetzung des רָשָׁע 23[a]. doch vgl zu 20, 1[b].

unbedingt aus 103 147 253 πρόσωπον συνετοῦ ἀνδρὸς σοφὸν 24[a]
zu schreiben (wie Grabe drucken liefs); ebenso, nur ἀνδρὸς συνετοῦ 23 106 252: eines der beiden אהב. πρόσωπον συνετὸν ἀνδρὸς σοφοῦ AByz.

+ κρείττων τοῦ μὴ ζητοῦντες μαθεῖν ὁ ἐπερωτῶν z 68 [27]
161 (doch z ohne ὁ ἐπερωτῶν). echt, und als zweite deutung von 28[a] mit 28 zu verbinden = גַּם אֱוִיל מַחֲרִישׁ יְבַקֵּשׁ חָכְמָה. dafs اول auch den mittel-Semiten bekannt gewesen, sehn wir eher aus Buxtorf 40, als aus einzelnen zweifelhaften spuren im AT. בַּחֵשׁ zu 12, 25[a]: יְבַקֵּשׁ חָכְמָה ist relativsatz.

für מַחֲרִישׁ glaubte Jäger מַדְרִישׁ vorausgesetzt: allein הָרֵשׁ 28[a]
IV existiert nicht: ܡܪܫ bedeutet *geübt* Athan ܡ 12. der Grieche sprach מִדְרָשָׁה oder מִדְרָשִׁי. σοφίαν vor σοφία > Ayה.

18

das ל des ersten wortes galt dem übersetzer als accusativ- 1[a]
zeichen, was ܠ im syrischen ist. aus תַּאֲוָה wurde תֹּאֲנָה Cappell crit IV 5, 13.

תּוּשִׁיָּה καιρός? das hebr wort selbst ist dunkel, da nur תּוּשִׁיָּה 1[b]
zu erklären wäre. die erbärmliche herleitung von واسى könnte nach gerade aufgegeben werden, da واسى nichts als ein metaplasmus der vulgarsprache für اسى = أسا III ist, Hariri 18 ERoediger de interpretatione etc 101. Olshausen gramm 213[d] dachte richtig an ישׁי. ich kann nicht wiederfinden, wo in einem der von mir edierten texte ܫܘܐ *farbe* vorkommt: dies syrische, mit شية gleichbedeutende wort zeigt, dafs das وشى entsprechende verbum im mittel- und nieder-semitischen ש ܫ hatte. תּוּשִׁיָּה =

توشية *ausschmückung* Ḥarîrî 466, 10: *colour up* und *fucum facere* zeigen, wie die bedeutung sich weiter entwickelt. واش ist *denigrator* = verleumder, sycophant MI nacht II 94⁹ [Habicht]. in den mir jetzt nicht zugänglichen Notes and Queries ist vor jahren *mosaik* auf موشى Freytag IV 471ᵇ zurückgeführt. | יִתְגַּלָּע ἐπονείδιστος ἔσται = יִתְגַּלֵּל oder יִתְקַלֵּע Cappell crit IV 7, 3 vgl Prov 17, 14ᵇ.

2ᵇ בְּהִתְגַּלּוֹת ἀφροσύνῃ = בְּהִתְקַלְּלוּת. ܐܣܬܟܠ ἐμωράνθη Athanas 22, 3: ܣܟܠܘ μωρία. für ἄγεται Jäger ἄγαται, dann ist ἀφροσύνην zu schreiben.

3ᵃ בָּא גַם εἰς βάθος = בַּאֲגַם (Jäger).

4ᵃ דִּבְרֵי פִי λόγος ἐν καρδίᾳ = דָּבָר בְּלֵב. man las die letzten buchstaben von דבר noch einmal, und zog פ von פִּי als ב hinzu.

4ᵇ keiner von allen herausgebern der LXX hat gewufst, dafs ἀναπηδύει nur falsche schreibung für ἀναπιδύει ist! ἀναπηδῶν z 23 147ᵃᵃʷ = נֹבֵעַ | חָכְמָה ζωῆς = חַיִּים (Jäger), revisor σοφίας 252 260.

5ᵇ צַדִּיק τὸ δίκαιον = צֶדֶק.

6ᵇ aus לְמַהֲלֻמּוֹת ist לַמָּוֶת herausgenommen (Vogel), also war die feminine pluralendung hier plene geschrieben. τὸ θρασὺ suchte Jäger in למה, woraus er nach 9, 13. 20, 1 הֹמָה machen wollte. allein wir brauchen den artikel, und mindestens müfste es הַהֹמָה heifsen.

8 > griech: 19, 15 substituiert (Jäger), aber in einer eignen übersetzung. תַּרְדֵּמָה hier φόβος, dort δειλία übertragen, = חֲרָדָה: תַּפִּיל hier καταβάλλει, dort κατέχει [תָּכִיל Hitzig]: עַצְלָה [man hatte עָצֵל] hier ὀκνηροὺς, dort ἀνδρόγυνον; aber 19, 15 ist ἀνδρόγυνον schwerlich etwas anders als eine über ἀεργοῦ geschriebne glosse, welche dies wort in das 18, 8ᵇ angewandte ἀνδρογύνων oder in ἀνδρογύνου corrigieren sollte, und, aus versehn eine zeile zu hoch gerathen, ὀκνηροὺς verdrängte. die epische form ἀεργὸς ist nicht zu dulden und nur davon ein beweis, dafs der text verderbt ist. wie רְמִיָּה zu der ihm hier beigelegten bedeutung kommt, wird ohne die werke eines hebräischen Sotades nicht festzustellen sein.

9 *idem facit occidenti* Horaz ars 467: ἀδελφὸς Koen zu Gregor corinth 269 (Jäger).

10ᵃ מִגַּדֵּל ἐκ μεγαλωσύνης = מִגֹּדֶל (Jäger).

וּכְחוֹמָה ἡ δὲ δόξα αὐτῆς = וּכְבוֹדָהּ (Hitzig). 11b

Jäger glaubte מְחַלֵּהוּ gelesen (vgl 19, 6) = θεράπων φρό- 14a
νιμος: حلى ἐλίπηνεν Atban ــ 21, γλυκύτερον ἐποίησε Geopon
90, 6: احلى ἐγλυκάνθη Geopon 11, 23. bei יְכַלְכֵּל hat der
interpret wohl eher an כָּבָה als an كلّ gedacht.

גּוֹרָל σιγηρός ABy‎א, κλῆρος חz 23ᵘˢʷ: es wird ὁ κλῆρος zu 18a
schreiben sein.

δυναστείαις B, richtig δυνάσταις ACyzאחפ 23ᵘˢʷ | ende + 18b
πράγματα א 23 254 297.

= אָח נוֹשָׁע בְּקִרְיַת עֹז בַּמְּרוֹם. נוֹשָׁע fand Vogel: Jäger sah, 19a
daſs וּמִדְיָנִים in ein derivat von רום übergegangen zu 19a gezogen
worden ist: sein וּמְרוֹמִים kann ich nicht gelten lassen, weil es
nicht hebräisch wäre.

τεθεμελιωμένον AByzאפ scheint aus μεμοχλευμένον ח 23 19b
252ʳᵃⁿᵈ 295 verderbt: der Grieche übersetzte, als stände כְּאַרְמוֹן
בְּרִיחַ da.

καρπῶν Byzח, καρποῦ ACאפ 106 252 260 296 297 gehört 20a
dem revisor.

וְאֹהֲבֶיהָ οἱ δὲ κρατοῦντες αὐτῆς = וְאֹחֲזֶיהָ (Jäger). 21b

= מָצָא אִשָּׁה טוֹבָה מָצָא טוֹב: der revisor εὗρε τὰ ἀγαθὰ 22a
(103 253) für εὗρε χάριτας.

für θεοῦ Bאחפ, der revisor κυρίου Ayz 106ᵘˢʷ. 22b

der scheinbare zusatz ist eine umdeutung des verses. ganz [22]
klar ist a: מוֹצִיא אִשָּׁה טוֹבָה מוֹצִיא טוֹב. ὃς ἐκβάλλει γυναῖκα
ἀγαθήν, ἐκβάλλει τὰ ἀγαθά· ὁ δὲ κατέχων μοιχαλίδα
ἄφρων καὶ ἀσεβής.

23. 24 und 19, 1. 2 (also acht hemistichien) fehlen dem 23
Griechen. 23ᵒᵇᵉˡ 103 106 [dieser ohne 19, 2] 253 אח und der
Slave bieten eine übersetzung der verse, die nach ח von Theodotion herrührt [1]).

---

[1]) [23]ἱκεσίας λαλεῖ ἄπορος, καὶ πλούσιος ἀποκριθήσεται θρασέα. [24]ἀνὴρ ἑταιρειῶν τοῦ ἑταιρεύσασθαι, καὶ ἔστι φίλος κολλώμενος ὑπὲρ ἀδελφόν. [1]κρείσσων ἄπορος πορευόμενος ἐν ἁπλότητι αὐτοῦ ὑπὲρ στρεβλόχειλον ἄφρονα. [2]καίγε ἐν οὐ γνώσει ψυχῆς οὐκ ἀγαθόν, καὶ ἐπείγων τοῖς ποσὶν αὐτοῦ ἁμαρτάνει. y fabriciert seinen bedarf selbst: Δεήσεις φθέγγεται πένης, ὁ δὲ πλούσιος ἀποκρίνεται σκληρά. Ἀνὴρ ἑταίρων πρὸς ἑταιρίαν, καὶ ἔστι φίλος προσκολληθεὶς ὑπὲρ ἀδελφόν. Κρείσσων ἐστὶ πτωχὸς πορευόμενος ἐν ἁπλότητι αὐτοῦ ἢ στρεβλὸς τοῖς χείλεσιν αὐτοῦ, καὶ αὐτὸς ἀνόητος. Καί γε χωρὶς ἐπιστήμης ψυχὴ

19

4^b λείπεται AByz, χωρισθήσεται 23 106, χωρίζεται 295: die construction des ersten wie Sophocl Trach 1277.

5^b Grabe's [unnöthige] änderung s bei 6, 19^a.

6^a βασιλέων ABאחכ, βασιλέως yz 68 161 248 = נְדִיב.

6^b ὁ vor κακὸς > A 103 253 | הָרַע κακὸς = הָרָע (Jäger) | ὄνειδος Byzאכ, ἄδικος A, ἐν δόσει ח 23. meine vermuthung επειδοσις = ἐπίδοσις [17, 8^a] gab ich gegen dies ἐν δόσει gern auf, da sie mir wegen der zu 9, 10^b erwähnten sitte bedenklich erscheinen mufste. vgl τίω μιν ἐν καρὸς αἴσῃ Ilias 9, 378: wo αἶσα mit ἴσος [alt ϝιϲϝος, Hesychius γισγος: vgl विश्व] verwandt sein mufs: da *guise* aus *weise* entstanden ist, entspricht *en guise de* dem ἐν αἴσῃ ziemlich genau [1]). sinn: ein schlechter kerl ist für seinen ebenso schlechten aber vorsichtigen nachbar wie ein kapital, aus dem jener durch die drohung seine thaten bekannt zu machen, wucherzinsen herausprefst.

7 = כָּל־אַחֵי רָשׁ יְשַׂנְאֻהוּ אַף מְרֵעֵהוּ רָחֲקוּ מִמֶּנּוּ. מְרֵעִים wäre schon vor Olshausen gramm 210 verstanden worden, wenn die

---

οὐκ ἀγαθή, καὶ ὁ σπεύδων τοῖς ποσὶν ἁμαρτάνει. und den unrath hat Grabe aufgenommen!

[1]) es mag bei der gelegenheit erlaubt sein aus Cotelier zu Constitt α 3 anzumerken, dafs *guêtre* = *vastrapa* ἀναξυρίς in Rufin's übersetzung des Iosephus ist. ἐν πολεμίου μοίρᾳ und ähnliches weisen die wörterbücher nach. redensarten wie καταριθμεῖν ἐν ἀγελαίοις θρέμμασι Plato Polit 266^a [במספר ירחים אל יבא Iob 3, 6^b] bilden dann den übergang zu solchen wie ἐπιδεικνύναι ἐν θαύματι und endlich zu den ganz abgeblafsten ἐν ἡδονῇ, ἐν καλῷ εἶναι zum vergnügen, zum schönen gehören = eine lust, etwas schönes sein. die ausdrucksweise mufste verschwinden, als der glaube an die existenz objektiver, vom menschen unabhängiger mächte den Griechen abhanden gekommen war, welcher als letzte blüthe die platonische ideenlehre hervorgebracht. auch ἀντίστροφος wäre mit den chören der bühne aufser gebrauch gekommen, wenn nicht Aristoteles das wort in seine terminologie aufgenommen hätte. wie gut kennen diejenigen die griechischen praepositionen und die geschichte des griechischen geistes, welche zu den erst spät in täglichen gebrauch gekommenen ἐπ' ἴσης ebenfalls μοίρας ergänzen! ergänze ῥοπῆς, ῥοπὴ verbindet sich gern mit ἐπί. ἐπ' ἴσης Lucian 2, 4. 17, 19. 70, 22 [73, 10] 74, 3 Clemens 18^{30} 31^{43} [37^{20}] 43^{39} 50^{25} 56^{20} 79^{34} 88^{49} 103^{36} 105^{39} $135^{13.\,27}$ 151^{22} 173^{35} $184^{7.\,11}$ 192^{49} 199^{12} 209^{39} 213^{52} 219^{48} 223^{34} $229^{38.\,40}$ 234^{3} 260^{43} $282^{16.\,18}$ 283^{33} 298^{30} 322^{5}.

exegeten das syrische kommandiert hätten wie es sich gehört (denn buchstabieren und sich im Castellus verlesen können hilft nichts). statt vieler nur Ein beispiel: Geopon 7, 18 ܡܐ ܕܕܢܚ ܟܠܒܐ ܠܡܢܝܢܗܘܢ ܕܙܪܘܥܐ ܡܚܒܠ ܠܡܢܝܢܗܘܢ ܠܐ = β 15, 2 ὅταν ἐπιτέλλῃ ὁ κύων, τινὰ μὲν τῶν σπαρέντων .... βλάπτει, τινὰ δὲ οὐδαμῶς. der interpret deutete *jeder bruder eines armen, der diesen hasst, von dem entfernen sich auch einige seiner freunde.* nun folgt das im hebr fehlende ἔννοια ἀγαθὴ τοῖς [μὴ + 296] εἰδόσιν αὐτὴν [οὐκ + 296] ἐγγιεῖ, ἀνὴρ δὲ φρόνιμος εὑρήσει αὐτήν. ὁ πολλὰ κακοποιῶν τελεσιουργεῖ κακίαν. die letzten worte sind so fadenscheinig, dass ich im original ein wortspiel voraussetzen muss. leider kenne ich die semitischen wörter für τελεσιουργεῖν nicht: *ein embryo vollständig austragen* Aristoteles 565^b 23. 718^b 10. 732^a 25. man nehme einstweilen mit רֵעוֹת und רַבּוֹת vorlieb. denn wie viele ausdrücke für κακοποιεῖν im gange waren, sieht man am bequemsten aus der alphabetischen sammlung im Maḥzor ערבית ליו״כ כפ״ר: aus dem gegensatz zu κακοποιεῖν lässt sich also für τελεσιουργεῖν nichts schliessen. von dem letzten gliede haben wir Theodotion's das קְרִי ausdrückende übersetzung καταδιώκων ῥήσεις οὐκ αὐτῷ in אח [in ח wird Θ genannt] 23 103 106 149 253 260 hinter σωθήσεται: αὐτῶν 23 149 ist schreibfehler. in dem alten text ὃς δὲ ἐρεθίζει λόγους, οὐ σωθήσεται haben ח 23 161[rand] περικεντεῖ, y λόγοις. mit מְרַדֵּף lässt sich weder ἐρεθίζει noch περικεντεῖ vereinigen. חָיָה und הֵמָּה können in der alten schrift füglich verwechselt worden sein, Jäger meinte aus 5 לֹא יִמָּלֵט herübergenommen.

φρόνησιν AByzאחע, καρδίαν 161 nach לֵב. 8a

nach ἔσται + ἐκκαίει δὲ κακίαν πολίταις ח[obel] 23 106. 9a

ὑπ᾽ αὐτῆς > 23 in folge der revision eines pedanten. 9b

οὐδὲ δοῦλος ἐξουσιάζειν ἀρχόντων 252[rand]: [dies nur mit 10b
δούλῳ] gehört nach 248 dem Theodotion: in ח[rand] füge ܠܐ vor ܠܡܫܠܛܘ hinzu. LXX lautete καὶ ἐὰν οἰκέτης ἄρξῃ, μεθ᾽ ὕβρεως δυναστεύει: aber ἄρξηται und δυναστεύειν AByz, für letzteres δεσπότου ח 23 109 147 157 und δεσπότου δυναστεύει 297. ich nehme ἄρξῃ aus ח 23 109 147 157 297, δυναστεύει aus 297.

ἐλεήμων AByzאחע, richtig Grabe νοήμων. 11

12b רָצֹן ist رضوان wie كوثر das masculinum zu כּוֹשָׁרָה: sinnreich genug. vielleicht entschliefsen sich die lexicographen noch einmal in ܪܥܝܢ רַעְיָן, also die aramäische form des hebr רָצֹן zu sehn: in ܪܥܐ fallen רָצָה رضى und רָעָה zusammen.

13a καὶ ὀδύνη τῇ τεκούσῃ αὐτοῦ + A nach ἄφρων. aus 17, 25 (Jäger).

13b vgl Deut 23, 19 (Jäger). aus כֹּרַד ist נֵדֶר geworden, aus ܕܠܝܚ דָּלַף = θολερὸς Athan ܡܚܠ 25. für μίσθωμα bietet sich ܡܟܪ :נִדְן נֵדֶה מְחִיר אֶתְנַן Castellus ed Michaelis 485 kenne ich zu wenig, um es hersetzen zu dürfen. √ נדה lieferte auch „ܡܟܪܐܢܐ", das IDMichaelis trotz seiner anmerkung [*chald* מנדה] unter ܡܟܪ beläfst, wohl weil Buxtorf מְנָדָה 1172 unter מָדַד setzt. der interpret hat wahrscheinlich ein derivat von נדה gelesen, da der anklang an נד zu verführerisch war. ܢܒܝܪ *ekelhaft*: ܢܒܝܪܘ meist βδέλυγμα (oft in ח) Luc 16, 15 Athan ܣ 6 [vgl 18, 16 ܡܕܐ 19] τὸ μυσαρὸν (vom mist, ܣܡܝܪܐ ܣܬܒ Geopon 71, 5 wie חֲרֵי יוֹנִים Reg δ 6, 25) Geopon 8, 23 vgl نذ. bei Thomas 237, 16 [Ritschl] bitte ich unsern vers am rande zu citieren.

14b κυρίου Ayzפהאל, richtig θεοῦ B 252 Orig III 615 | מַשְׂכָּלֶת ἁρμόζεται = מְשַׂכֶּלֶת. Gen 48, 14 שִׂכֵּל er legte die hände über kreuz, ἐναλλὰξ τὰς χεῖρας vgl Eustathius in Hercher's erotikern II 164, 5. 6 ἐναλλὰξ ἀλλήλοις προσαρμοττόμενοι. הֵבִין und הִשְׂכִּיל sind gegensätze: das erkennen kann vom ahnen des zusammenhanges der dinge oder von dem eindruck ihrer verschiedenheit ausgehn: schön wird das weib מַשְׂכֶּלֶת genannt. da samaritanisches סכוי *auge* = שֶׂכְוִי Iob 38, 36 ist (das parallele טֻחוֹת führe ich um so lieber an als von ܛܚܠ *lunge* Geopon 110, 14 = ιϛ 10, 1 ܛܚܠܐ = طحال πνευμονία abgeleitet ist wie שֵׂכֶל von עָכָה) und שְׂכִית מַשְׂכִּית die √ שׂכה [wozu ܣܟܐ] vollends sichern, setze ich שָׂכָה = सच्, mit dem ThAufrecht schön *saihvan sequi* verbunden, vgl meine urgeschichte der Armenier 340. und dies שָׂכָה sehe ich als mutter von שֵׂכֶל an, aus dem sich הִשְׂכִּיל gebildet. der instinct hat die interpreten gut gelehrt הִשְׂכִּיל συνιέναι zu geben, welchem συνιέναι etymologisch *Ϛwjbr sehn* entspricht. יָדַע = وضع erklärt sich durch das von Sacy in der grammatik besprochne وقف.

15 siehe zu 18, 8.

16b ἀπολεῖται ABγz, ἀποθανεῖται 252[rand], θανεῖται 23 161[rand].

Jäger hatte recht, als er bei dem Griechen ein derivat von 18b
הָמָה vorausgesetzt glaubte. ܗܡܣܐ thut fast noch bessere dienste.

für גָּרָל der Grieche גֶּבֶר. 19a

הַצִּיל λοιμεύηται = תִּתְלַצַּץ oder תָּלִיץ: Jäger's הליץ hat 19b
eine andre bedeutung | וְעוֹד καὶ τὴν ψυχὴν αὐτοῦ scheint aus
den redensarten מֵעוֹדִי בְּעוֹדִי abstrahiert, oder aber der Grieche
las וְהוֹדוֹ: zu 5, 9a.

ἐπ' ἐσχάτων σου ABγzאח[rand]ע ist mit ἐπὶ γήρως ח[text] 23 20b
106 161[rand] zu vertauschen: zu 5, 11a. επι γηρους 149 252 260.

θεοῦ aus אח 23 161[rand] 252 für κυρίου ABγzע einzusetzen. 21b

תַּאֲוַת καρπὸς = תְּבוּאַת (Vogel): πόθος 161[rand] aus einem 22a
späteren.

der midrâsch schillert wie ein opal, die griechischen hdss 23b
haben alles verwirrt. ὁ δὲ ἄφοβος αὐλισθήσεται ἐν τόποις
οἷς οὐκ ἐπισκοπεῖ ὁ αἰώνιος Sabatier's Lateiner, ὁ δὲ πλανώμενος
ὀδυνηθήσεται ἐν πόνοις οἷς οὐκ ἐπισκέπτεται γνῶσις Clemens
171[2], ὁ δὲ πλανώμενος ἐν πύλαις αὐλισθήσεται οὗ οὐκ ἐπισκοπεῖται ὁ αἰώνιος 23 106 252. daſs einmal ὁ ἄφοβος einem
בַּל יִפָּחֵד רָע und dann οὗ οὐκ ἐπισκοπεῖται γνῶσις denselben
בַּל יִפָּקֵד דַּעַ (Jäger) gelesnen worten entspricht, ist klar, weiter
aber nichts.

κόλπον (κόλπους) verdorben: צַלַּחַת = σαλαρτ = زلخة 24
Freytag II 248a kann nicht *busen* bedeuten und צְלָעֹת (woran
Jäger dachte) sind *rippen* [ضلع = ܥܠܥܐ für ܥܠܥܐ צַלַע wie ܨܒܥܐ =
ضبع für ܨܒܥܐ].

ἀδίκως [ὀκνηρὸς Constitutt 16[8] = עָצֵל] sehr ἄδικος: Jäger 24
nannte zweifelnd עָוִיל als das entsprechende.

ob der mann bei ἐπονείδιστος ἔσται = מַחְפִּיר an חֶרְפָּה 26b
ὀνειδισμὸς ὄνειδος gedacht?

in 106 geht vorauf ἀνὴρ δίκαιος γεννᾶται εἰς ζωὴν und [27]
folgt ἀκάθαρτος ἐν τῇ ψυχῇ γεννᾷ λογισμούς.

לְהָגוֹת מֵאִמְרֵי דָעַת לִשְׁגוֹת μελετήσει ῥήσεις κακάς = מֵאֲמָרִים 27b
רָעִים [בַּאֲמָרִים?].

עֵד בְּלִיַּעַל ὁ ἐγγυώμενος παῖδα ἄφρονα = עֹרֵב בֵּן בְּלִיַּעַל | 28a
δικαίωμα ABγz, νόμον 23 161[rand].

אָוֶן κρίσεις = דִּין (Hitzig): ד für א wie 24, 2a. 28b

לַגֵּו ὁμοίως ABγzאע, ὤμοις richtig Clemens 83[40] Grabe. 29b
der Syrer לְגַוִּי (Vogel).

20

1a שֵׁכָר μέθη = שִׁכָּרוֹן.

1b mufs mit Cl.Valckenaer zu Eurip Phoen 397 πᾶς δὲ ὁ συμμαινόμενος οὐκ ἔσται σοφὸς geschrieben werden: der wein selbst ist μαινόμενος Plato νόμοι 773[d]. der interpret verwechselte שְׁגָה mit שָׁגַע. B substituiert 3[b], A hat 3[b] nach dem echten 1[b], in dem συμμενομενος nur falsche schreibung ist: λυμαινόμενος yz 68 161, μὴ συγγενόμενος 149, μὴ συγγινόμενος 260, συνμιγνύμενος τοιούτοις 23, συμμιγνύμενος τούτοις א[text]ח, *der mit ihnen gemeinschaft hat* א[rand], τούτοις + nach συμμαινόμενος 254 | πᾶς δὲ scheint gegen Ayzאח in 23 253 254 zu fehlen: da die Masoreten וְכָל־ lesen, würde ich πᾶς δὲ für späteren zusatz halten, wenn jemals die revisoren וְ δὲ übersetzten.

2a οὐ AByz, οὐ δὲ 149, οὐδὲν ח 253 260 | θυμοῦ AByzאחע, βρυγμοῦ richtig 254 (βρυγμω 161[rand]). denn βρυγμοῦ kann nicht aus einer andern übersetzung stammen, da diese den ganzen satz in einer sich enger an das hebr anschliefsenden form gegeben haben, und somit, um נַהַם auszudrücken, einen *casus obliquus* nicht gebraucht haben würde. א[rand] א[text] drücken θυμοῦ verschieden aus, was auch dafür spricht, dafs es erst durch eine revision in die armenische bibel gekommen ist.

2b ὁ δὲ παροξύνων αὐτὸν καὶ ἐπιμιγνύμενος yz 68 161 248, καὶ ἐπιμιγνύμενος > ABאחע. da הִתְעָרֵב ἐμίχθη ἐμίγη ἐπεμίγη und מִתְעָרֵב συμμιγὴς übersetzt wird, glaube ich eine verwechslung von מִתְעַבֵּר־ und מִתְעָרֵב annehmen, und ἐπιμιγνύμενος für echt halten zu dürfen. dann mufs παροξύνων verderbt sein; denn dem ἐπιμιγνύμενος kann nur ein ungefähr mit ihm gleichbedeutendes particip voraufgehn. der sinn von 2[b] wäre der des Deutschen sprichworts *mit grofsen herrn ist nicht gut kirschen essen.* חוֹטֵא ist falsch; חָטָא נַפְשׁוֹ kann man nicht sagen: höchstens חוֹטְאִי 8, 36: ich vermuthe חֹמֵס.

3a שֶׁבֶת ἀποστρέφεσθαι = שׁוּב: es stand שב im archetypus | λοιδορίας AByz, λοιδορίαν 297. λοιδορίας ist genetiv und wohl echt, da unser interpret wohl noch gewufst haben wird, dafs ἀποστρέφεται mit dem accusativ nur von dem gesagt wird, der sich aus ekel abwendet [1]).

---

[1]) wenn Euripides Iphig taur 801 dem Orestes μή μ' ἀποστρέφου in den mund legte, so erhellt aus 799, dafs er den sprachgebrauch kannte.

מַחֹרֶף und יֶחֱרַשׁ ὀνειδιζόμενος und αἰσχύνεται nach Jäger 4a
= מְחֹרָף und יֵחָרֵשׁ; doch fragt sich, ob für αἰσχύνεται nicht mit 254 αἰσθάνεται zu lesen ist, da יחשׁ = أحسّ dem αἰσθάνεται (aramaisierenden dialekt des interpreten vorausgesetzt) ganz leicht, יֵחָרֵשׁ dem αἰσχύνεται [αἰσχυνθήσεται z 109 147 157] nur dann entspricht, wenn man das verstummen mit Jäger für ein *signum hominis pudentis* nehmen will: der bescheidne verstummt aber nicht, sondern fängt gar nicht erst an zu reden.

כְּשֹׁאֵל für לשׁאל und דָּגָן für וָאַיִן. vgl zu $24, 2^a$. 4b

βουλὴ ABYzאהע Orig II 382^c, *λόγος* 109 147 157 297. da 5a
ich nicht einsehe, wie das letztere aus dem ersteren hat entstehn können, so halte ich *λόγος* für ursprünglich. *λόγος* ist in der bedeutung *überlegung* im späteren griechisch auffallend selten, und die muſs es doch hier haben haben sollen, als man es für עֵצָה setzte.

für רַב־אָדָם יִקְרָא אִישׁ חַסְדּוֹ der Grieche רַב אָדָם יְקַר אִישׁ 6a
חָסֵד (Jäger).

καταλείψει ABYzאהע, *ποιεῖ* 149 260: im hebr keines der 7b
beiden.

מְזֻרֶה *οὐκ ἐναντιοῦται* = מְזֹרֶה, eigentlich *es ist verweht.* 8b
ebenso der Syrer ܡܬܓܠܓܠ ܡܢ ܩܕܡ ܦܪܨܘܦܗ: ܡܓܪܘܢܐ *κύλινδρος* Geop 9, 20 vgl مدراة | *ἐν ὀφθαλμοῖς* ABYzאהע, *ἐνώπιον* 109 vielleicht (wie *οὐδὲν* 161^{rand} für *πᾶν*) echt.

καθαρὸς ABYz, *ἁγνὸς* 106 | *ἁμαρτιῶν* ABYzאהע, *ἁμαρτίας* 9b
Constitt 33^{22} 243^{18}.

10-13 folgen auf 22, acht hemistiche: אy 23 gehn nach der 10
ordnung des masoretischen textes. für den zehnten vers steht in 106 angeblich der dreiundzwanzigste.

καὶ ὁ ποιῶν αὐτὰ ἐν τοῖς ἐπιτηδεύμασιν αὐτοῦ συμποδισθήσεται AB [nach Mai] ע, *καί γε οἱ ποιοῦντες αὐτὰ ἐν αὐτοῖς συμποδισθήσονται* 23. diese zeugen fangen dann mit נַעַר einen satz an. andre hingegen ziehn *καὶ ὁ ποιῶν αὐτὰ* zu 10^b und nehmen das folgende *νεανίσκος* als subjekt von *συμποδισθήσεται*. für *συμποδισθήσεται* hat 109 *αὐλισθήσεται*, in z 147 157 297 steht *ὑποσκελισθήσεται*. ich bin rathlos und führe nur Jäger's vermuthung an, aus גַּם שְׁנֵיהֶם 10^b sei גַּם עֹשֵׂהֶם = *καὶ ὁ ποιῶν αὐτὰ* und aus יִתְנַכֵּר 11^a יִתְלַכֵּד geworden | אִם *μετὰ* = עִם (Jäger), וְאִם wird nicht übersetzt. 11

13a שְׂנֹה καταλαλεῖν. da לַשֵּׁן Ps 101, 5 κατελάλησε übersetzt wird und מַלְשְׁנוּ in den targumen oft *verleumdung* bedeutet, denke ich an ein wort wie מַלְשְׁנָה. doch ist zu beachten, was Jäger zu 17, 9 anführt: Sirach 19, 7 δευτερουν λόγον. vgl Drusius quaest ebr I 4. | תִּוָּרֵשׁ ἐξαρθῇς = תִּגָּרֵשׁ (vgl Iud 2, 3) oder (so Schleusner?) = תּוּרַשׁ Iud 1, 21. 22.

14 14-19 > griech. in אנד 23 149 253 260 steht eine übersetzung, welche ה dem Theodotion zuschreibt; vers 17 citiert aus ihr Athanasius festbriefe ⌣ 20: der 19 findet sich auch in Parsons 106. [14]πονηρὸν πονηρὸν ἐρεῖ ὁ κτώμενος, καὶ πορευθεὶς τότε καυχήσεται. [15]ἔστι χρυσὸς καὶ πλῆθος ἐσωτάτων καὶ σκεῦος τίμιον χείλη γνώσεως. [16]λαβὲ τὸ ἱμάτιον αὐτοῦ, ὅτι ἐνεγυήσατο ἀλλότριον, καὶ περὶ ξένης ἐνεχύρασον αὐτόν. [17]ἡδύνθη ἀνθρώπῳ ἄρτος ψεύδους, καὶ μετὰ τοῦτο πληρωθήσεται τὸ στόμα αὐτοῦ ψηφίδος. [18]λογισμοὶ ἐν βουλῇ ἑτοιμασθήσονται, καὶ ἐν κυβερνήσεσι ποίει πόλεμον. [19]ἀποκαλύπτων μυστήριον πορεύεται δόλῳ, καὶ ἀπατῶντι χείλη αὐτοῦ μὴ συναναμίσγου [1]). Cappellus crit sacr III 9, 24 bemerkt, daſs 16b der Grieche (er sagt LXX) und der Chaldäer נָכְרִיָּה für נָכְרִים gelesen: er selbst will mit Hieronymus נְכָרִים sprechen.

20b בֶּאֱשׁוּן: Sophocl Oedip tyr 419 βλέπων σκότον, Eurip Phoen 377 σκότον δεδορκώς (Jäger).

21a ἐπισπουδαζομένη = dem qeri מְבֹהֶלֶת Cappell crit III 8, 15. *pecuniam haeredi properet* Horaz carm III 24, 61. 62 (Jäger).

---

[1]) 14a das eine πονηρὸν > 253 | 15a ἐσώτατον 149 260 | 16a ἐνεγγυήσατο 149 253 260 | 16b ενεχυρασον 23, ενεχυρας 149 | 17a ψευδης 23 | 17 μεταπληρωθήσεται ohne τοῦτο 149 253 260 | 17b τὸ > 149 260 | 18a λογισμὸς und ἑτοιμασθήσεται 23 | 18b κυβερνήσει 149 253 260 ה: Ein punkt mehr, und in ה stände der plural | 19a μυστήρια 106 | 19b ἀπατῶν τε ohne καὶ vorher 106 | y ergänzt 14-19: Κακὸν κακὸν λέγει ὁ ἀγοράζων, καὶ ὡς ἀπέλθῃ τότε καυχήσεται. Εστι χρυσὸς καὶ πλῆθος λίθων πολυτελῶν καὶ σκεύη ἔντιμα χείλη συνέσεως. Αφελοῦ τὸ ἱμάτιον τοῦ ἐγγυῶντος ἀντὶ ἀλλοτρίου, καὶ ἀντὶ ἀλλοτρίας λάβε ἐνέχυρον παρ' αὐτοῦ. Ηδὺς ἀνθρώπῳ ἄρτος ψεύδους, καὶ ἔπειτα ἐμπλησθήσεται τὸ στόμα αὐτοῦ χαλίκων. Διαλογισμοὶ ἐν βουλῇ στερεοῦνται, κυβερνήσεσι δὲ γίνεται πόλεμος. Ο ἀποκαλύπτων βουλὰς ἐν συνεδρίῳ, πορεύεται δίγλωσσος, καὶ μετὰ πλατύνοντος τὰ ἑαυτοῦ μὴ μίχθητι χείλη. die herausgeber der bibel von Alcala haben dies exercitium offenbar selbst gemacht.

יָלַע muſs ولع sein. was Freytag IV 504[b] giebt, ist ganz ge- 25
eignet יָלַע I IV als synonymum von מִהֵר erscheinen zu lassen. dann wäre קָדֵשׁ zu sprechen, und der Grieche hätte richtig übersetzt | um μετανοεῖν für בַּקֵּר in der ordnung zu finden, muſs man von den klassikern, nicht vom NT herkommen. μετανοεῖν bedeutet im alten griechisch so wenig *buſse thun* wie תּוֹרָה im alten hebräisch *gesetz*: μετανοεῖν ist *andern sinnes werden* ohne rücksicht auf den grund, aus dem, und die empfindung, mit der es geschieht.

auf unsre stelle geht Cor α 2, 10 zurück. Clem 221[43] 27
πνεῦμα κυρίου λύχνος ἐρευνῶν τὰ ταμεῖα τῆς γαστρός. aus ח sehn wir, daſs λύχνος dem Theodotion gehört, φῶς des alten interpreten setzt נִיר voraus: ἡ λύχνος stand einst als glosse zu φῶς am rande, in Ay 106 149 248 252 253 254 260 296 ע ist es hinter ἀνθρώπων in den text gerathen, wo z ἡ λαμπτὴρ hat.

Clem 171[33] ἐλεημοσύναι δὲ καὶ πίστεις φυλακαὶ βασιλι- 28[a]
καί. καὶ πίστις hat auch 23, aber (wie es scheint) vor, nicht für καὶ ἀλήθεια. πίστις und ἀλήθεια sind verschiedne übersetzungen von אֱמֶת.

פַּחִם σοφία = חָכְמָה (Jäger). 29[a]

ὑπώπια LBos exercitt 140 (Jäger) | תַּמְרִיק συναντᾷ = 30[a]
מִקְרָה, indem das anfangende ת wohl an פצע abgegeben wurde, um mit diesem פְּצִיעָת zu bilden: פְּצִיעָה s Buxtorf.

21

θεοῦ ABy z אע Orig I 816[d], κυρίου 161[rand] ᾿Α κ Σ Θ [nach 12[a]
ח[rand]] = יְהוָה.

ἐὰν θέλων B, δ᾽ ἂν θέλῃ 23 106 252, ἐὰν θέλῃ z 109 147 21[b]
157 297, δ᾽ ἂν θέλων Ay 149 161 248 260 296, δ᾽ ἐὰν θέλων 253 254. da für νεῦσαι in Ay 68 149 161 260 296 νεύσῃ steht, so ist denkbar, daſs in θέλῃ und νεύσῃ verschiedne übersetzungen von יַחְפֹּץ vorliegen, welche man später zu θέλων νεύσῃ oder θέλῃ νεῦσαι verband. ich halte νεύσῃ für echt, weil ich unserm freunde gern eine erinnerung an Ilias α 528 zutraue.

θεῷ ABy z ע, κυρίῳ = לַיהוָה 106 252 253 אח, κυρίου 23. 3[b]

نِر = سمن die Masoreten haben das wort wohl nur defectiv 4[b]
geschrieben, um es von נִיר Hier 4, 3 zu unterscheiden. die beiden hemistiche verhalten sich zueinander, wie die glieder des scholion bei Athenaeus ιε 695[a] ὁ καρκίνος κτέ. *übermuth und*

hoffart, aber ihr joch tragen die gottlosen bei alle dem (die sünde). λαμπτὴρ = נֵר Cappell crit III 19, 3 vgl Buxtorf anticr 515 | ἁμαρτίαι Ayz usw oder αἱ ἁμαρτίαι echt, ἁμαρτία Bחפ = חַטָּאת.

5 > ABפ; was אחz 23 obel 106 109 147 149 252 260 bieten, stammt r ach ח aus Theodotion: λογισμοὶ [1]) συντέμνοντος [2]) πλὴν εἰς περισσείαν, καὶ πᾶς [3]) ἐπισπευδάζων πλὴν εἰς ὑστέρημα [4]).

6ª בַּעַל ὁ ἐνεργῶν = פֹּעַל.

6ᵇ נִדְּחָ διώκει = רדף (Jäger) | nach διώκει + καὶ ἐλεύσεται Orig III 300ᵇ, καὶ ἔρχεται Ayאחפ usw | מְבַקְשֵׁי ἐπὶ παγίδας = לְמוֹקְשֵׁי. Cappell crit V 12, 23 gab מוֹקְשֵׁי an.

7ª יִגֹּרֵם ἐπιξενωθήσεται = יְגוּרֵם (Ilitzig).

9ᵇ ἀδικίας AByzאפ, ἀηδίας ח 23 252.

10ª אִוְּתָה רָע > ABzפ, y ergänzt aus eignen mitteln ἐπιθυμεῖ κακῶν. nach ח Symmachus [illegible] dem ἐπιθυμήσει πονηρὸν [5]) καὶ 23 106 149 252 260 297 entspricht, א hat ein praesens.

10ᵇ der Grieche בְּעֵינֵי für בְּעֵינָיו (Jäger).

11ª κακὸς für ἄκακος haben 149 260, ἄφρων 161 rand revision.

12ª לְבֵית καρδίας = לִבּוֹת (Jäger). ψυχας 23 106 161 rand 260.

17ᵇ εἰς πλοῦτον AByzאחפ, οὐ πλουτήσει wohl richtig Grabe 23 106 149 252 260 297. freilich wird ח rand dies ᾽ΑκΣΘ zugeschrieben.

18ᵇ > dem Griechen. καὶ ἀντὶ εὐθέων [hdss εὐθείων] ἀσύνθετος 23 252 297 und mit ἀσύνετος 106 253, mit παράνομος y gehört (wie ἀσύνθετος = בֹּגֵד beweist) einem späteren.

19 ἐν τῇ ἐρήμῳ Bאפ, richtig ἐν γῇ ἐρήμῳ Ayzח 109 usw, ἐν ἐρήμῳ Constitt 13¹¹. السكنى فى القفر in פ vgl mit سكن القفار Grangeret anthol 101, 7: Ḥamâsa 293, 16 القفر الارض الخالية Ḥariri 366, 4. 150 ende. auch von Castellus s v belegt.

20ª וְשֶׁמֶן ἀναπαύσεται = יִשְׁכֹּן (Jäger) | בִּנְוֵה ἐπὶ στόματος ABy, ἐν στόματι 253, z Grabe ἐπὶ δώματος! das wäre עַל גַּג: hatte Grabe das NT nie griechisch gelesen?

---

[1]) א jetzt λογισμός: da der satz kein zeitwort hat, ist der plural durch Einen buchstaben zu beschaffen. | [2]) συντέμνοντες 23 252 | [3]) ὁ μὴ oder μὴ + 106 109 147 149 252 260 z. ändrung eines menschen, der den vers nicht verstand. | [4]) y liefert wieder spanisches griechisch: διαλογισμοὶ ἀνδρείου εἰς πλησμονήν, καὶ πᾶς ὁ σπεύδων ἐν ἐλάσσονι. | [5]) πονηρὰ 23 106, πονηρῶν 297.

לדרך ὁδὸς = דֶּרֶךְ (Jäger). in ᵇ > צְדָקָה, δικαιοσύνην nach 21
ζωὴν + חא 23 253 254, die beiden letzten und חא mit καὶ davor.
מִצָּרָה ἐκ θλίψεως = מִצָּר. 23b
יָחֹן ἐλεεῖ καὶ οἰκτείρει = יָחֹן (Jäger). 26b
ὑπήκοος sehr ἐπήκοος (Jäger). לְנֶצַח φυλασσόμενος, לִנְצֹר 28b
Cappellus IV 6, 3!
יָבִין συνιεῖ = יָבִין Cappellus III 9, 15. 29b
תְּבוּנָה ἀνδρεία = גְּבוּרָה (Jäger) | לְנֶגֶד יְהוָה πρὸς τὸν 30b
ἀσεβῆ = לְנֶגֶד נְהִיָה (13, 19ᵃ). κατέναντι κυρίου 23 109 147 157
295; in 297 steht dies stückchen revision hinter, nicht statt πρὸς
τὸν ἀσεβῆ.

22

= עֵהֶם רָאָה רַע מִיַּסֵּר נֹסֵר. 3a
γενεὰ [γέννα 106] sehr πτέρνα. עָקֵב ist durch den mit 4a
dem عرقوب des arabischen sprichworts identischen Jakob zu einer
traurigen berühmtheit gelangt: Jakob's gegner עֵשָׂו werden spätere
mit ܥܠܒ (meine urgeschichte der Armenier 1064) zusammen zu
halten nicht anstehn: *Acdistis* ist קְדֵשָׁה. dem עֲנָוָה entspräche
κατηφείας besser als σοφίας. ܟܢܝܫܘܬܐ ἐπιείκεια πραότης vgl
Athanas 117 ܒ 6 ܕܠܐ 10 ܘܠܐ 20 von ܟܢܝܫܘ ebenda ܒ 22; aber
ܐܬܟܢܫ ܥܡ *er pflog umgang mit* ܝ 23 ܠܗ 24 ܥܠܗ 12 ܥܡ 26,
also weiterbildung des ܟܢܫ ܟܢܫܐ Analect 168, 22 ὡμίλησε, woher
ܟܢܘܫܝܐ *umgang* Athan 47, 21. 48, 4 ܘܠܐ 26, διατριβὴ Euseb
θεοφ ε 24, 9.

> griech. nach ח gehört dem Theodotion, was 23 109 6
147 149 157 253 254 260 296 297 bieten ἐγκαινισμὸς νέου
κατὰ τὴν ὁδὸν αὐτοῦ· καί γε ὅταν γηράσῃ, οὐκ ἀποστήσεται
ἀπ' αὐτοῦ.] y liefert auch hier eignes fabrikat ἐγκαίνισον τὸ
παιδίον κατὰ τὴν ὁδὸν αὐτοῦ, καί γε ἐὰν γηράσῃ οὐκ ἀποστήσεται ἀπ' αὐτῆς.

wegen δανειοῦντι verweist Jäger auf Suidas unter θεριῶ. 7
doppelt da = וַחֲבַט [וְבֹשֶׁת] עֲבֹדָתוֹ יִכְלֶה: Jäger fand יִכְלֶה 8b
und עֲבֹדָתוֹ. שֵׁבֶט kann πληγὴ nicht sein, obwohl חָבַט [ܚܒܛ
ἐξετίναξε Geop 19, 12] und שֵׁבֶט auf dieselbe urwurzel ꡅꡜ zurückgehn: بطبط = ܡܚܒܛܒܛ Geopon 112, 6 πολύγονον. der
satz ἄνδρα ἱλαρὸν καὶ δότην εὐλογεῖ ὁ θεὸς wird Cor β 9, 7
citiert, er ist = 9ᵃ [Hitzig].

9 9ᵃ steht zwischen den beiden fassungen von 8ᵇ, 9ᵇ ist τῶν γὰρ ἑαυτοῦ ἄρτων ἔδωκε τῷ πτωχῷ: in τὴν μέντοι ψυχὴν ἀφαιρεῖται τῶν κεκτημένων erkannte Hitzig 1, 19ᵇ. so bleibt übrig ὁ ἐλεῶν πτωχὸν αὐτὸς διατραφήσεται· νίκην καὶ τιμὴν περιποιεῖται ὁ δῶρα δούς. diese beiden hemistichien können so keinen vers gebildet haben: wir müssen daher annehmen, daſs die folge der sätze so wie sie die griech hdss bieten, ursprünglich ist.

10ᵇ וְיָשְׁבָה דִּין ὅταν γὰρ καθίσῃ ἐν συνεδρίῳ = וְיָשַׁב בֵּית דִּין. das erste wort erkannte Vogel.

11 χάρις χειλέων und ἑταῖρος αὐτοῦ 161ʳᵃᵈ sind jüngere übersetzungen von חֵן שְׂפָתָיו und רֵעֵהוּ. ob ἐν ταῖς ὁδοῖς αὐτῶν nach ἄμωμοι echt ist? yz 68 161 248 haben es. der Grieche hatte mehr als die Masoreten: רֵעֶה für רֵעֵהוּ (Jäger).

12ᵇ der Grieche דְּבָרִים (Jäger).

14ᵃ זָרוֹת παρανόμου = ܘܠܫܢܐ Athanas 18, 9? זר׳ konnte ja auch mit ם ergänzt werden.

[14] εἰσὶν ὁδοὶ ὀρθαὶ [ὡς οὐ 23] πορεύεσθαι ἀνδρί, ὁ δὲ ἀσεβὴς ὁδοὺς θανάτου καὶ ἀπωλείας φιλεῖ. εἰσὶν ὁδοὶ κακαὶ ἐνώπιον ἀνδρός, καὶ οὐκ ἀγαπᾷ τοῦ ἀποστρέψαι ἀπ᾽ αὐτῶν· ἀποστρέφειν δὲ δεῖ ἀπὸ ὁδοῦ σκολιᾶς καὶ κακῆς. der erste vers nur in ח 23 254, den zweiten haben alle zeugen auſser y.

15ᵃ der Syrer hat hier an der LXX genascht und in der hast ἀνοίᾳ ἐξίπταται καρδία νέου gelesen. ܡܦܪܚ ποιεῖ ἐξίπτασθαι ܩ Prov 7, 10: ܦܪܚ vom fliehenden schlafe Gen 31, 40 Iob 20, 8 Macc α 6, 10: zu ܦܪܚ Geop 23, 7 fehlt δ 15, 10 das griechische. ܐܦܪܚ für הִרְהִיב Cant 6, 5 wo Ḥâfiẓ طاب ميعد gesagt hätte. ich erwähne dies alles, damit nicht halbwisser aus dem *avolavit* im Castellus s v ܦܪܚ gegen meine anmerkung zu Prov 7, 10ᵇ operieren, zu der ich aus MI nacht I 2, 24 [Bûlâq] gern طار عقله من راسه nachtragen will: sein verstand flog aus seinem kopfe, ihm schwindelte. ܛ gegen ط ist freilich ebenso ungewöhnlich als ܛ ܛ gegen ط gewöhnlich ist: z b צָף = طاف ܛܦ. das syrische wort = *er fuhr zu schiffe* Athan ܛܦ 21 Cureton spicil 39, 2: ἐπεπόλασε Geopon 114, 29 [ιδ 11, 8 gegensatz ܛܒܥ] (ἐπ)έπλευσε 11, 19 [β 33, 1] (ἐπ)έστη 87, 3 [ϑ 26, 2]. ט ist in allen dialekten dem ط voraufgegangen, כוּמְסָה also nur eine stehngebliebne alt-semitische form, wie etwa das *i* des Deutschen *nachtigall bräutigam* nicht auf den heutigen standpunkt

der sprache gehört. — das dem ܦܪ̈ܕ entsprechende فرد ist ganz gebräuchlich, durch تفرد erklärt Castellus das von אָחַד hergeleitete (wie ܦܪ̈ܕ seltne) ܡܦܝܣ, welches ich gern mit folgender stelle aus Mus britann 12173 belege: ܥܠ ܡܬܠܬܐ ܡܠܐ ܡܬܗܦܟܢܘܬ
ܗܘ ܕܡܬܗܦܟܢܘܬܗ ܐܬܠܦܐܦ ܠܘܬ ܣܝܡܬܐ ܀ ܒܡܠܬܐ ܠܡܠܬܐ ܗܘ
ܕܝܡܝܢ ܗܘܐ ܠܟܠܗܘܢ 130 D ܕܐܡܠܘܬܘܣ: ܗܘ ܕܝܠܗ ܗܘܐ
ܠܡܠܟܝܐ. ܐܦܣܩܬ ܠܡܫܡܫܬܐ ܕܐܝܟ ܗܕܐ. ܕܐܝܬܝܬܐ ܠܘܬ ܚܝܐ
ܒܪܬ ܚܕܐ ܘܡܫܝܚܬ ܒܣܪܗ: ܕܐܬܐܡܪܗ ܗܘܬ ܡܢ ܡܪܝܡܬܐ
ܕܡܦܬܠܐ: ܡܦܣܩܣܢܐ ܗܘܬ ܒܬܠܡܝܕܘܬܐ. ܠܗܕܐ ܒܪܒܢܐ ܗܘ.
ܡܬܦܪܫܐ ܠܗܝ ܕܢܦܠ ܚܝ: ܗܘ ܕܐܬܡܣܟ ܗܘܐ ܣܒܪܐ ܒܪܒܢܐ
ܕܙܘܒܢܐ. ܒܝ ܐܟܠܝܢ ܗܘܘ ܡܪܝܡܝܢ. ܐܝܟ ܦܝ ܠܗܿ. ܕܢܚܬ ܒܪ̈ܘܟܢܐ
ܡܠܦܠܓܐ. ܘܐܬܒܠܥ ܥܠ ܡܠܟܘܬܐ ܡܬܝܗܒ ܠܦܪܘܫܐ ܀ ܗܠܝܢ ܕܝܢ
ܕܢܒܘ ܐܝܟܐ ܕܟܬܒܐ. ܒܐܬܡܠܟܘ ܥܠ ܡܚܕܪܗ. ܕܝܢܐ ܕܝܢ ܒܥܦ
ܕܐܝܟ ܗܘܐ ܡܠܟ ܡܚܢܢ ܒܡܒܪܘܬܐ. ܒܝ ܡܢܐ ܠܓܘ ܗܘܢܐ ܡܕܡܠܐ
ܡܢܐ. ܐܝܟ ܕܒܫܐ ܐܡܬܐ ܗܘܐ ܒܗܘܐ ܐܝܟ ܕܒܠܒܒ. ܘܐܬܠܒܟܘܢ
ܒܢܝܢܐ. ܡܢ ܒܥܠ ܒܦܘܚܝ ܐܪܥܐ ܕܢܒܠܢܘ ܘܠܐ ܐܬܡܪ̈ܝ.
ܗܢܝ ܐܠܡܫܡܫ ܒܠܒܢ ܡܠܡܚܫܢ ܒܪܚܡܐ ܐܬܠܡܢܘ ܠܗ ܠܟܠܗܝܢ
ܐܠܐ ܕܐܬܝܡܢ ܒܪܢܝܫܘܬܐ ܐܡܗ. ܒܝ ܡܢܝ ܠܗ ܠܗܘ ܕܠܗ ܐܬܠܡܕ.
ܕܥܠ ܢܣܡ ܡܢ ܐܪܥܐ. ܠܠܠܬܐ ܕܐܣܘܢܐ ܢܒܢܝܢ ܘܢܦܠܬܐ ܠܗ.
ܗܘ ܕܝܢ ܥܠ ܕܠܐ ܒܝ 131 A ܡܢܘܡܝܢܐܝܬ ܡܬܢܣܝܢ ܒܡܘܡܝܢܐ:
ܡܢ ܒܗܦܐ ܢܦܫ: ܡܬܪܢܐ ܠܘܬ ܡܢ ܡܠܟܘ ܢܦܫܐ. ܡܣܘܥܬ
ܐܡܢܝܢ ܦܪܡ ܥܠ ܕܪܥܝ. ܒܝ ܐܪܓܘܫ ܗܘܢܐ ܒܥܠܝ ܣܘܡܟ
ܒܪܚܡܘܗܝ ܒܪܡܘܬܐ ܒܪ̈ܫܐ ܥܠ ܕܪܐ ܡܬܡܣܟܢܬܐ. ܪܒܘ ܠܣܢܘܬܐ
ܕܐܟܝܢܐ. ܡܢ ܡܕܡܘ ܒܗܦܐ ܠܗܘ ܕܐܬܒܠܥܬ ܠܗ. ܒܝܕܒ
ܡܡܠܠܝܢ ܗܘܘ ܒܗܢܘ. ܐܝܠܝܢ ܕܢܣܒܝ ܗܘܐ ܠܗܒܪܢܘܬ.
ܗܕ ܕܝܢ ܣܡܫܬ ܒܥܦܐ. ܒܝܢܝܬܐ ܐܝܟ ܡܣܬܝܢܬܐ ܠܗܘܢ. ܣܠܩܬ
ܠܐܬܒܪܬ ܒܗܦܪܗ ܕܗܘ ܕܐܬܝܗܒܬ ܠܗ ܒܬܠܡܘܕܘܬܗ. ܘܡܦܩܬܐ
ܗܘܬ ܠܗܘܢ. ܘܐܡܪܐ ܕܐܒܠܬܐ ܐܬܠ ܠܟ ܕܡܬܗܝܐ ܒܗ ܒܪܘܒܬܐ.
ܕܗܝܟ ܒܐܦ ܢܘܢ ܗܪܘܗܝ. ܘܢܦܠܬ ܕܕܠܦܐ ܣܠܩ ܗܘ ܕܐܬܒܠܥܢܬ.
ܐܬܚܡܘ ܠܗܦܐܬܐ ܕܠܗܘܢ. ܘܠܐ ܢܗܦܟܘܢ ܡܢܝܢ. ܡܦܫܗܐ ܐܢܐ
ܗܟܢܐ ܕܐܬܠܒܘܢ ܠܟ ܡܠܟܐ ܡܩܒܠܐ ܒܝ ܡܬܠܝܟܐ ܐܢܐ. ܡܬܠܗܝ
ܐܢܘܢ ܟܠܝ ܕܠܒܪܘܢ ܠܟ ܕܡܒܝܢ ܥܠ ܕܪܘܗܝ. ܒܝ ܗܘܠܝܢ
ܕܝܢ ܓܒܐ ܐܝܟ. ܒܗܦܬܐ ܠܐܠܗܐ ܒܬܫܒܘܚܬܐ 131 B ܡܬܦܢܝܢܐ. ܡܢ
ܟܠܗ ܠܒܗ ܡܦܪܫܐ ܗܘܬ ܒܚܢܢ ܡܩܒܠܬܐ. ܐܝܟ ܕܢܣܬܒܪܢܘܗ
ܡܠܟܐ ܘܡܬܒܪܟܢ ܡܢ ܕܐܝܟ ܗܕܐ ܚܙܬܐ. ܘܠܐ ܢܗܘܐ ܠܐܬܝܗܝ
ܗܘܬ ܒܬܠܡܝܕܘܬܗ. ܠܗܕܐ ܕܝܢ ܒܝ ܣܓܐ ܢܒܗܘܬܗ. ܒܟܠܗܝܢ ܣܝ
ܡܬܗܦܟܢܐ ܕܡܢܟܐ ܗܘܐ ܒܟܠܗܝܢ: ܒܬܪܥܝܬܗ ܡܚܝܬܗ. ܐܪܡܝ
ܗܢܝܢܐ ܗܘ ܕܡܬܗܦܟܢܐ ܐܝܟ ܢܘܪܐ ܒܪܡܐ ܠܡܢܘܬܐ. ܘܐܠܐ ܒܐܡܝܡܐ

ܕܡܪ̈ܝܣܘܬܐ. ܘܟܠ ܡܟܝܠܐ ܕܪ̈ܡܙܐ ܒܟܣܝܐ. ܠܘܬ ܗܘ ܕܦܩܕ
ܗܘܐ ܠܡܫܡܠܝܘ ܒܫܟܐ. ܡܘܣܦ ܠܗ ܕܢܒܥܐ ܚܟܡܬܐ ܘܐܦܢ
ܠܗ. ܡܬܡܨܝܢ ܕܢܗܘܐ ܒܥܒܕܗ ܒܗܢܐ ܠܠܒܐ. ܗܘ ܕܝܢ ܡܥܡܠ.
ܡܢ ܗܕܐ ܟܠ ܠܡܪܕܘܬܐ ܕܝܠܕܐ ܐܝܟ ܠܗ. ܡܣܡܟ ܫܒܛܐ
ܢܦܩܬܝ. ܘܡܢ ܐܦܠܝܬܗ ܢܫܬܐܠܗ܆ ܘܐܠܦܬܗ ܡܩܒܠܬܗ܆
ܡܟܬܫܢ ܒܡܠܦܢܐ ܕܝܠܗ܆ ܡܡܠܠ ܐܘܠܦܢܗ ܒܡܪܕܘܬܐ
ܕܝܠܕܐ. ܐܡܪ ܠܗ ܒܪܫܝܗ ܕܡܠܦܢܐ ܚܕ ܕܫܒܛ ܡܚܦܛ.
ܘܡܢ ܒܒܝܬܐ ܗܕܝܐ. ܡܬܚܒܠ ܢܦܫܗ ܘܡܬܬܪܣܐ. ܘܠܡܬܒܥܬܗ
ܕܡܦܩܐ ܐܠܗܐ ܢܘܠܐ. ܘܐܡܬܠܡܣ 131 c ܡܢ ܡܫܡܫܢܘܬܐ ܘܬܪܬܝܢ
ܠܣܬܐܠ. ܟܠ ܕܐܦ ܒܗܘܢ ܢܒܥܬ ܡܐܢܐ ܡܢܐ. ܒܐܡܬܠܡܣ ܡܬܬܠܠ
ܗܘ ܗܦܐ ܠܬܘܒܢܬܐ. ܒܬܟܠܬܐ ܬܒܥ ܕܗܘܦܬܐ ܟܚܡܢܬܐ. ܡܠܟ
ܢܚܡܗ ܘܐܦ ܡܠܟ ܢܡܘܣܝܬܐ ܗܢܝܢ ܀ [1]

15ᵇ der Grieche deutete [ἀσύνδετον wie 5ª, feminines suffix in יַרְחִיקֶנָּה wie im arabischen] *stock, züchtigung — er entfernt sie von sich.*

17 καὶ ἄκουε ἐμὸν λόγον nahm der midrâsch aus דִּבְרֵי, das sich auch דְּבָרַי sprechen liefs. לְדַעְתִּי ἵνα γνῷς = לָדַעַת, ὅτι καλοί εἰσιν = כִּי נְעִימִים 18ª (Jäger).

18ᵇ εὐφρανοῦσι[ν] Byzא, εὐφραίνουσιν Aע, richtig εὐθυνοῦσι. εὐθύνουσι ח, ohne accent 23.

19ᵇ der Grieche לְהוֹדִיעֲךָ, אַף אַתָּה zog er zu 20ª (Jäger).

20ᵇ שָׁלִשׁוֹם natürlich τρισσῶς: da aber nur zwei substantiva folgen, änderten einige in δισσῶς Clem 126[13] (*dupliciter et tripliciter* Orig II 110ᵈ), andre setzten καὶ ἔννοιαν zu (23 68 106 149 248 260), 297 καὶ σοφίαν. τριχῶς 106[rand] Orig zu Mth ι 3. διχῶς *auf zwei verschiedne arten* Clemens 129[34] 194[34] 303[36],

---

[1]) ich bitte dies zugleich als nachtrag zu § 144 meines Hippolytus anzusehen. die accentuation war mit diesen typen nicht genau auszudrücken, und ich will aufserdem in einer anmerkung eingestehen, das ich die gelegenheit das obenstehende abzudrucken mit den haaren herbeigezogen habe. ich hatte dem syrischen text ursprünglich eine andre stelle bestimmt und ihn in einer von mir nicht verschuldeten pause des drucks im voraus absetzen lassen, als der officin die syrische schrift auszugehen begann: vgl *appendix arabica* iv ende. ich mufs also hand über herz legen. Hippol 204, 3 ist ἄλλῳ in παλαιῷ zu ändern (vgl zu Prov 8, 18ᵇ). sonst will ich zu meiner ausgabe bemerken, dafs § 14 eine überarbeitung von § 1 ist. vgl z b 7, 11 mit 103, 7 oder 7, 21 mit 102, 24. die citate aus der catene des Nicephorus gehören zu 14. § 145 hätte ich nicht besonders aufführen sollen, vgl 60, 9.

διττὸς wird von zwei im grunde zusammengehörenden seiten oder theilen derselben sache gesagt Clem 7², 19⁴³ [33¹⁰] 35²⁶ 55⁴⁸ 65³⁸ 71³⁵ 106⁴⁹ 117²⁶ 121³¹ 124⁴⁷ 127³⁰ 131⁴⁰ 164²⁵. ²⁶ 165²⁵. ³² 166⁴⁶ 179⁴² 222²⁵ 229²¹ 233²⁵ 246². ⁵. ¹² 281³⁸ 288⁴³ 289²². ²³. ³⁰. ⁴⁹. ⁵² 317⁹ 323⁴⁵. Moses τετραχῶς (so mit Hoeschel für τετραχῇ) τέμνεται Clem 153²⁴, er behandelt vier ganz verschiedne gegenstände [wer sich einen traurigen spafs machen will, sehe was die dogmenhistoriker aus der einfachen stelle gebraut haben]. διττοὶ daher so oft bei Euripides = *ein paar*, δίχα aber = ἄνευ. es kommt also für den sinn viel darauf an, ob τριχῶς oder τριττῶς geschrieben wird: ohne ein eingehen in die gnostischen systeme wird nicht zu entscheiden sein, in welchem verhältniss βουλὴ γνῶσις und ἔννοια stehn.

τοῖς προβαλλομένοις σοι mufs = τοῖς προβάλλουσί σοι sein (Ernesti lex technol rhet 286) = לְשֹׁאֲלֶיךָ (IDMichaelis neue bibliothek VII 199). ה hat ܐܘܚܕܬܐ ܚܘܐ ܕܐܘܚܕ ܠܚܒܪܘܗܝ: dies empfehle ich den erklärern von חוּד חִידָה Iud 14, 12 zur beherzigung. חִידָה ist man seit JJBellermann [Eichhorn bibliothek 8, 1057] gewohnt auf حاد zurückzuführen, da es sich doch vom gleichbedeutenden ܐܘܚܕܐ ¹) nicht trennen läfst. da nun ܐܚܕ = אָחַז ist, kann חִידָה = אֲחִידָה wegen seines ־י nur aus einem aramäischen dialekte entlehnt sein. *առակ* ist wörtliche übertragung des aramäischen wortes (von *առնուլ nehmen*) und beweist für die zustände des alten Armenien soviel wie z b *pardonner* als wörtliche übersetzung des Deutschen *vergeben* für die im alten Nordfrankreich: der Deutsche gedanke trug ein romanisches kleid. das zu ܐܘܚܕܐ stimmende أخذة kenne ich leider nur aus dem wörterbuch. 21ᵇ

κρίσιν Bz, δίκην Ay 68 161 248 296. 23ᵃ

der griechische wie der hebr text scheinen verderbt. τὴν für σὴν 147. ܨܒܐ ist eine ganz bekannte wurzel sinnlicher bedeutung: ἐνέπηξε Geop 84, 16 παρέπηξε 81, 15: sie ist mit קָבַע nicht verwandt, für das LXX Malach 3, 8. 9 durch ἐπτέρνισε gut auf עָקַב gewiesen haben. 23ᵇ

μὴ συναυλίζου AByz, μὴ συναλίζου? vgl Constitt 67, 10. μὴ εἰσέλθῃς 161ᵐᵍ ein späterer. 24ᵇ

---

¹) ich mache den unfug nicht länger mit, nicht im satze stehende syrische wörter im status emphaticus anzugeben.

25b βρόχον 254 nach מוֹקֵשׁ für βρόχους AByz.
26b מִשְׂאֵת αἰσχυνόμενος πρόσωπον. er dachte an נְשֹׂא פָנִים und faſste das wort wie מרמי קרח 9, 3b.
29a meine Reliqq graec zu 75, 19.

23

2a וְשַׂמְתָּ שַׂכִּין בְּלֹעֶךָ καὶ ἐπίβαλλε τὴν χεῖρά σου, εἰδὼς ὅτι τοιαῦτά σε δεῖ παρασκευάσαι = וְשַׂמְתָּ [כִּי יָדֶיךָ] שֶׁמֶן לְשַׁכֵּן סָכַן עָלֶיךָ. ܫܰܟܶܢ ἐδωρήσατο Reliqq 26, 11 παρέσχε 69, 3 ܫܘܟܢܐ χάρισμα Athan 28, 11 ܫܟܢ 20 [Reliqq 65, 5] ܡܫܟܢܢܐ schenkend Athan 46, 14 Eines stammes mit ܫܘܟܢܐ und תָּכַן ἡτοίμασεν. לוֹעַ kenne ich im aramäischen nur für kinnbacken (Buxtorf giebt auch schlund an), nicht für kehle: niemand setzt sich aber ein messer an die kinnlade oder den schlund. also wird בولوعك = בְּלֹעֶךָ sein und durch 2b erklärt oder glossiert werden.
3b לְחֶם ἔχεται ζωῆς = לְחַיֵּי: Vogel gab לחיים an.
4a der Grieche אַל־תִּגַּע לְעָשִׁיר (Hitzig).
5 es muſs κατεσκεύασται [κατεσκεύασε Orig I 666c] αὐτῷ πτέρυγας heiſsen (Jäger), ἑαυτῷ 253, πτέρυγας 252 253 Orig. הַשָּׁמַיִם = εἰς τὸν οἶκον τοῦ προεστηκότος αὐτοῦ: wem das die midrâschnatur der übersetzung nicht klar macht, dem ist nicht zu helfen.
7a שַׁעַר τρίχα = שֵׂעָר: nachher אֱכֹל וּשְׁתֵה (Jäger).
7b der Grieche nimmt den anfang von 8 mit 7b zusammen und macht sich וּלְבֵיתְךָ בַּל תְּבִיאֵנּוּ עִמְּךָ לְהַאֲכִילוֹ פִּתְּךָ קָצָךְ zurecht.
8b וְשִׁחַתָּ καὶ λυμανεῖται = וְשִׁחֵת (Jäger).
16a ἐνδιατρίψει Byz, ενδιατριψη A, ἐνδιαθρύψει gut Grabe.
20a συμβολαῖς AByzאח, συμβουλαῖς ג 106 252, συμβουλῆς 297. ܣܘܡܒܠܐ (wie כַּבְּלֹת Buxtorf 1422 aus συμβολή entstanden) in gewöhnlichem gebrauch: unser freund wiederholte also ʻ in der form אַל־תְּהִי בְּסִבְּלִין, wo סִבְּלִי = συμβολικὸς Anthol ε 135, 4.
20b בְּזֹלְלֵי ἀγορασμοῖς = einem frei übersetzten בְּזָבְנֵי (ܙܒܘܢܐ oder ܙܒܘܢܝܬܐ paſst nicht zum vorhergehenden).
21a וְזֹלֵל πορνοκόπος in der bedeutung von ܙܠܠ genommen, vgl zu 3, 21.
21b zu קְרָעִים stellte sich zunächst ܩܘܪܥܐ [ich kenne es nur für σκάφαι Geopon 85, 16 = ϑ 19, 7: ebenda ιε 4, 4 sind σκάφαι ܚܦܪ̈ܐ 100, 2: غرب eimer]. ܩܘܪܥܐ ist mit

ܐܘܪܘܩܥܐ identisch: ܕܟܬܢܐ ܐܘܪܘܩܥܬܐ ὀθόνιον Geop 87, 24. 92, 12. 111, 1: λινοῦν ῥάκος Epiphan π μέτρων 165ᵃ [hds 51ᵃ]: ohne ܕܟܬܢܐ ῥάκος Geop 104, 4 [104, 5 ܪܩܥ ἔνυξε] 105, 4 [wo ܐܪܘܘܩܥܬܐ schreibfehler der hds] ܪܘܩܥܐ ὀθόνη Geopon 87, 26 und رقعة, *lappen*: das masculinum ܪܘܩܥ belegt Castellus. über ܒܘܪܕܥܐ [= بردعة aus persischem برذعه Castellus 430] in ה bitte ich sich nicht zu beunruhigen: aus der trödelbude der register wäre Iacobus Baradaeus sammt Assemani und Maqrizi leicht hervorzuholen gewesen: und der mann könnte als stifter der Jacobiten bekannt sein. Castellus trägt aus ס unsrer stelle „ܕܪܟܠܬܐ" ein: *ihm* nehme ich nicht übel, daſs er die construction von ܠܒܫ mit doppeltem accusativ nicht gekannt. „ܒܪܡܠܬܐ" *sallel* hat er für „ܒܪܕܥܬܐ" verlesen: das gleichbedeutende spanische *albarda* citiert er unter بردعة. מַרְדַּעַת schon die Mischna Sabbat 5, 2.

>LXX. aus Theodotion [so ה] ἀλήθειαν κτῆσαι καὶ μὴ ἀπώ- 23
σῃ [schr aus ה πωλήσῃς] σοφίαν καὶ παιδείαν καὶ σύνεσιν אyz^{nsw}.

ἐκτρέφει ABγzאהע, ἐκτρυφήσει Grabe, schr ἐκτρυφᾷ. für 24ᵃ
δίκαιος wollte Jäger δικαίου haben.

der Grieche übersetzt das קְרִי. 26ᵇ

πίθος τετρημένος aus dem griechischen sprichwort Erasmus 28ᵃ
I 10, 33 (Jäger). Erasmus citiert Aristoteles oeconom α [1344ᵇ 24. 25] τῷ ἠθμῷ ἀντλεῖν τοῦτ' ἐστὶ καὶ ὁ λεγόμενος τετρημένος πίθος. diese stelle erklärt, wie der Grieche auf seine übersetzung kam. denn ܫܚܝܠ διηθηθεὶς Geopon 110, 12 [ις 18, 3]: woher ܡܫܚܠܐ *durchschlag* wie مشخل مشعل. ܡܫܚܠܐ Geop 87, 4 [ϑ 26, 2 τὸ αὐτὸ ποιήσας schr παρ' αὐτὰ διηθήσας: παρ' αὐτὰ wie ις 19 Hippolyt vi 34, zu welcher stelle recensenten gern zeigen, was sie nicht wissen] ל als suffix, vgl zu 19, 14ᵇ.

בְּחָתְךָ συντόμως, denn ܫܠܦ dient für שִׁבֵּר Ps 29, 5 | תֶּאֱרֹב 28ᵃ
ἀπολεῖται = תֹּאבֵד (Jäger).

תּוֹכְךָ ἀναλωθήσεται, er dachte also an כָּסָה (Jäger). 28ᵇ

חִנָּם 32mal, LXX meist δωρεάν. μάτην Prov 3, 30 Ps 35, 29
7 [wo δωρεὰν eben gebraucht war] Ez 14, 23 [wo ק δωρεὰν] ἀδίκως Prov 1, 11. 17 διὰ κενῆς hier Iob 2, 3. 9, 17. 22, 6. man bemerke wie Iob und Proverbien sich ausscheiden. das zuweilen für חִנָּם ἀδίκως gebrauchte ܒܢܟܠܐ entspricht haarscharf dem بغش μετὰ δόλου ע Prov 10, 10ᵃ 26, 23ᵃ.

31 הָרָא μεθύσκεσθε = הָרַו, was מַיִין nöthig machen würde | ἀλλὰ ὁμιλεῖτε ἐν ἀνθρώποις δικαίοις wird יִתְאַדָּם בְּמֵישָׁרִים wiedergeben sollen, wo אָדָם (nicht אָדָם) als stamm genommen wurde, wie etwa تكنى zu كنية gehört, ترجل und اصطحب gesagt wird: vgl von ܡܙܝ Geopon 110, 9 ܡܙܝܐ ܡܟܡܐ ܚܡܘ ἕως ἂν αἰμάξῃ [ις 18, 2]. für καὶ ὁμιλεῖτε ἐν περιπάτοις bleibt nur יִתְהַלֵּךְ. aber 'ג כִּי יִתֵּן wird noch anders gedeutet. ἐὰν γὰρ εἰς τὰς φιάλας καὶ τὰ ποτήρια δῷς τοὺς ὀφθαλμούς σου, ὕστερον περιπατήσεις γυμνότερος ὑπέρου. aus בְּמֵישָׁרִים wurde במרישים [bei Buxtorf 1265 *balken*] gemacht: ܡܪܫܐ hat ח hier für ὕπερον: مرسة sichert diesem wort die bedeutung *hänfner strick*, ܡܪܫܐ Geopon 114, 3 [ιη 14, 2] ὅλμος ἢ θυία (87, 8 steht ܡܪܫܐ für ἴγδη und 88, 18 ܐܝ = ἴγδη für ὅλμος. übrigens ist ἴγδη für *μίδγη schwerlich etwas anders als eine ableitung von einem mit دق ,وص gleichbedeutenden verbum לח, wie ὅλμος zu הַלְמוּת Iud 5, 26 gehört. λίγδος zeigt, daſs vorn ein konsonant abgefallen: Λάρισσα dürfte ähnlich zu erklären und soviel als محروسة sein).

32 ἐκτείνεσθαι Casaubonus zu Sueton Aug 78 Gataker zu Antonin δ 3 (Jäger). πεπληγὼς ἐκτείνεται, denn יִשֹּׁךְ lieſs sich einmal von נָשַׁךְ = ܢܫܟ und dann von שָׁךְ = ܫܟ herleiten [ܫܟ κατέστη Geop 87, 15 ὑφίζησε 85, 30 von sich setzenden flüssigkeiten]. מְשֹׁךְ?

34[a] καὶ κατασκηνώσει[ς] 109: כְּשֹׁכֵן?

34[b] Jäger meinte κυβερνήτης in חֹבֵל wiederzufinden, allein wäre das eine hebräische wortstellung? auch bedeutet חֹבֵל nur den einfachen matrosen. vielmehr וּכְשֹׁכֵב בְּרֹב־מַחְשֵׁל. ܡܕܒܪܢܐ kann ich nicht belegen, ܡܕܒܪܢܘܬܐ ;ܡܕܒܪ Euseb θεοφ α 25 = πηδαλιουχῶν laud Constant 12, ܡܕܒܪܢܘܬܐ ח[rand] Prov 1, 5: سكان *anker* und *steuerruder*. ܡܣܟܢܐ ist so gewöhnlich, daſs sogar ein ܐܣܟܢܐ davon abgeleitet wird Athan ܡܪ 18.

24

2[a] שֹׁד ψευδῆ = שָׁוְא. also war שוד geschrieben und ד wurde für א gelesen, vgl 10, 24[a] 19, 28[b] 20, 4[b] 24, 15[b] 28, 2. diese buchstaben können nur in der alten schrift verwechselt werden.

3[b] ende + πόλις Didymus, + πάλιν Cassianus.

4[a] μετὰ αἰσθήσεως AByz, ἐν γνώσει 161[rand].

גֶּבֶר κρείσσων = ܥܫܝܢܐ | בְּעֹז ἰσχυροῦ = מֵעַז. 5a
מְאַמֶּץ־כֹּחַ kann mit γεωργίου μεγάλου nicht vermittelt 5b
werden: was hier (parallel mit ἰσχυρὸς) γεώργιον soll, ist nicht einzusehn und darum der griechische text für verderbt zu halten. da כֹּחַ nur einem lebenden wesen zukommt, muſs γεώργιον in ein wort geändert werden, das ein solches bezeichnet. schr λεωργοῦ: vgl μέγας φίλος Eurip Herc 1252 Med 549 μέγας ἀνὴρ Plato Charm 169a gesetze ε 732a: da in solchen redensarten μέγας stets vor dem hauptwort steht, ist aus 106 μεγάλου gleich nach ἔχων zu setzen: μεγάλου λεωργοῦ konnte leicht verderben, das adjectiv wurde umgestellt, als man γεωργίου zu lesen anfieng. nun erst ist man berechtigt מֵאַמִּיץ כֹּחַ (Hitzig) als ausgedrückte lesart anzugeben, מֵ schon Vogel.

בְּרֹב μετὰ καρδίας = בְּלֵב (Vogel). 6b

פִּידוֹ ἐκ στόματος κυρίου = פִּי יָהּ. Jäger gab פי יהוה an, 7b
allein יְהוָה ist unserm freunde θεός, יָהּ κύριος 3, 18.

לְבַעַל מְזִמּוֹת מָוֶת יִקְרָה gab Jäger an: der Grieche fand also 8b
hier מזמות geschrieben (vgl 18, 6b): umgekehrt hat ס Prov 2, 18a שַׁחָה אֶל־מָוֶת zu שָׁכְחָה אַלְמוֹת gemacht, wie Vogel und nicht ὁ ἀλλοτρίων λωποδύτης ἐπέων gesehn.

ich kann Jäger's וָמֵת (für זִמַּת) an sich schon nicht für 9a
hebr halten, תּוֹעֲבַת 9b bestimmt mich מְמֹת אֱוִלֶת הַטָּאתָה als lesart des Griechen anzusetzen: vgl zu 9, 10b. אֱוִלֶת vgl zu 12, 8a: מְמֹת paſst dem manne schon als aramaisierend: ܡܘܬܐ.

für תֹּכֵן las der Grieche תָּבִין (Jäger). hierher (nicht aus 12
Hier 17, 10) καρδιογνώστης Act 1, 24. נֹצֵר πλάσας = יֹצֵר.

תָּאִיב προσαγάγῃς = תַּקְבִּר oder תַּקְרִב (Jäger) | ἀσεβῆ 15a
νομῇ Ayz, ἀσεβεῖ νομὴν 254 295, ἀσεβῆ νομὴν B^{Mai}.

תְּשַׁדֵּד ἀπατηθῇς = תַּשִּׁיאֲךָ (Hitzig) | א text լրութեամբ, 15b
א rand լրբութեամբ: nach meinen sammlungen ist լրութիւն πληροφορία πλήρωμα πλησμονή, լրբութիւն ἰταμία und լրբենի ἀναιδής | κοιλίας ist durch רִבְצוֹ veranlaſst. מַרְבֵּץ = مربض marbiç, مربض marbaç = ܟܪܣܐ γαστὴρ μήτρα oder (Geopon 16, 15) ἐντεριώνη.

ἀσθενήσουσιν schr ὀλισθήσουσιν = יִכָּשְׁלוּ. das letzte σ 16b
von ἀσεβεῖς liefert ο, α von ἀσθενήσουσιν λ.

> 23 | a ὅτι ὄψεται AByz, ἵνα μὴ ἴδῃ 161 rand aus Σ? 18

תִּתְחַר χαῖρε = תֶּחְדָּ. 19a

21ᵇ = עַל שְׁנֵיהֶם אַל־תִּתְעַבָּר (Jäger). ἐπιμίγνυσο ח 23 ein späterer für תִּתְעָרַב. vorher ח ἑτέρως.

[22] folgt: 1 λόγον φυλασσόμενος υἱὸς ἀπωλείας ἐκτὸς ἔσται, δεχόμενος δὲ ἐδέξατο αὐτόν. 2 μηδὲν ψεῦδος ἀπὸ γλώσσης βασιλεῖ λεγέσθω, καὶ οὐδὲν ψεῦδος ἀπὸ γλώσσης αὐτοῦ οὐ μὴ ἐξέλθῃ. 3 μάχαιρα γλῶσσα βασιλέως καὶ οὐ σαρκίνη· ὃς δ᾽ ἂν παραδοθῇ, συντριβήσεται. 4 ἐὰν γὰρ ὀξυνθῇ ὁ θυμὸς αὐτοῦ, σὺν νεύροις ἀνθρώπους ἀναλίσκει καὶ ὀστᾶ ἀνθρώπων κατατρώγει καὶ συγκαίει ὥσπερ φλόξ, ὥστε ἄβρωτα εἶναι νεοσσοῖς ἀετῶν. > y. danach Prov 30, 1-14: ich folge der ordnung des masoretischen textes.

23ᵃ λέγω AByzאחש, ἐγὼ wahrscheinlich richtig 149 260. Jäger bemerkt, daſs unser ταῦτα δὲ zu dem τάδε des vorhergehenden 30, 1 in beziehung steht, also die ordnung 24, 1-22. 30, 1-14. 22, 23 vom interpreten selbst herrühre. ἐπιγινώσκειν zog Jäger als spätere übersetzung zu הַכֵּר ᵇ, mir scheint ταῦτα bis ἐπιγινώσκειν formel des curialstils.

25ᵇ ἀγαθὴ + yz^ssw. sehr vielmehr εὐαγγελία.

26ᵇ 26ᵇ 27ᵃ sind vom revisor übersetzt: ὃς δὲ ἀποκρίνεται λόγους ἐνωπίους, ἑτοιμάζει τοὺς αὐτοὺς λόγους ἐν ὑπαίθρῳ steht in 23 149 260 nach unserm ἀγαθούς, für das AC 252 σοφούς, 23 ὀρθοὺς hat: 161^med λόγους σοφοὺς ἁγίους.

27 לֵךְ אַחַר καὶ πορεύου κατόπισθέν μου = לֵךְ אַחֲרַי (Jäger).

28ᵇ פִּתָּה nahm der Grieche = ܦܬܝ ἐπλάτυνε Reliqq 20, 24 vgl ܦܬܝܐ ܦܘܡܗ πλατύστομος Geop 87, 18.

31 der Grieche las כְּמַקְשָׁה für קִמְּשׂנִ׳, denn ܩܘܡܐ von der erde τραχὺς Geop 89, 13 | ܡܘܬܐ λάθυρος [Niclas zu Geop I p 247] Geop 18, 6 ὄροβος 116, 9. des Syrers ܡܘܟܪܐ hat IDMichaelis s v längst in ܡܘܬܐ geändert und خلر verglichen, was den unwissenden SLee ¹) nicht hinderte den text Walton's zu geben. da nun ὑλομανεῖν der technische ausdruck für *ins kraut schieſsen* ist, während χορτομανεῖν nicht nur nicht gesagt wurde, sondern im tadelnden sinne nicht einmal gesagt werden konnte, da χόρτος etwas ganz

¹) es ist sitte Lee's abdruck der syrischen bibel einen nach hdss berichtigten zu nennen. es wäre wünschenswerth diese behauptung einmal bewiesen zu sehn: ich habe nichts von berichtigungen gespürt. Lee's ausgabe ist wie die zu Newcastle 1811 besorgte wiederholung des polyglotten-Arabers nur für den nothwendig, dem Walton's bibel unzugänglich ist.

brauchbares ist, so glaube ich *χορτομανήσει* in ein von unserem interpreten gebildetes *λαθυρομανήσει* ändern zu müssen. *λα* aus *χ*, *θυ* aus *οτ*. weiter aber erscheint חֲרֻפִים noch einmal als חֲדָלִים: Jäger bemerkte wohl, daſs *γίνεται ἐκλελειμμένος* einem חֲדֵלִים entsprechen würde, vermiſste aber *filum Ariadnaeum per constructionis errores*, weil er nie einen midrâsch gelesen hatte. sogar Muḥammad sagt noch von seinem buch die bisher unverstandnen worte, es sei على سبع لغات offenbart. Clemens 288^{47}.

וְאַחֲזֶה *ὕστερον* = וְאַחֲרֵי (Hitzig). 32^a
לְקַחַת *τοῦ ἐκλέξασθαι* = לְקַחַת (Jäger), aber mit Grabe 32^b
τοῦ ἐκδέξασθαι zu schreiben.

nun folgt in LXX 30, 15-31, 9: ich thue wie oben. 34

25

παιδεῖαι Bחע, richtig *παροιμίαι* Ayא, z läſst *αὗται* bis *Σολο-* 1
μῶντος fort | *αἱ ἀδιάκριτοι* ABy, *κριτοὶ* z, *αἱ εὐδιάκριτοι* 70,
αἱ διάκριτοι 149 260, > 159. nach Jäger = גַּם Iacob 3, 17.

κρύπτει und *τιμᾷ* AByz, *κρύπτειν* und *τιμᾶν* Grabe. חֵקֶר 2
las der Grieche הֹקֵר (Jäger): sonst ist ܡܩܪ und nicht ܐܘܩܪ = *ἐτί-*
μησεν | *πράγματα* Bח, *προστάγματα* Aא 70 149 157 161^{rand}
252^{rand} 260 295 und von zweiter hand B, *πρόσταγμα* $ח^{rand}$ y
106 253 261, *προστάγματα αὐτοῦ* 109 297, *πρόσταγμα αὐτοῦ*
z 147 159.

τύπτε ist von Grabe und Jäger beanstandet worden, *κρύπτε* 4
ῥύπτε ἔκριπτε (dies mit *ἀργυρίου*) machen ihren erfindern keine
ehre. beide männer werden die terminologie der griechischen
und hebräischen metallarbeiter wohl ebensowenig gekannt haben,
wie ich sie kenne: wenn man so unwissend ist, wie wir in diesem
falle sind, bleibt man besser mit seiner armuth zu hause, nament-
lich da 5^a הָגוֹ als *κτεῖνε* wiederkehrt. aus כֶּלִי wurde כַּלֹּו.

vgl die *παραβολή* Luc 14, 7-11. 7

Σ sprach אַל־תֵּצֵא לָרֹב (Scharfenberg zu Cappellus 817) und 8^a
verband 7^b mit 8^a: *ἃ εἶδον οἱ ὀφθαλμοί σου, μὴ ἐξενέγκῃς εἰς*
πλῆθος ταχύ. in LXX änderte Jäger *πρόσπιπτε* in *πρόπιπτε*
und verglich Xenophon memor *α* 2, 22.

die drei letzten worte verbindet der Grieche mit 9^b: 9^a fehlt 8
ihm (Jäger).

= וְסֹיר אַחֹר אַל־תֵּזֵל: Jäger's סֹיר אַחַר אַל־תֵּזֵל verdient 9^b
allerdings das von einem hastigen kopisten ihm beigegebne aus-

rufungszeichen. אֹחֹר אָחֹר nach חֲלַךְ נָפַל סַג נָזֹר weisen die wörterbücher nach, ebenso הֵזִיל = هزل.

10 aus וְדִבָּתְךָ wurde noch וּמְרִיבָתְךָ herausgelesen, daher ἡ δὲ μάχη σου καὶ ἡ ἔχθρα σου.

[10] ἀλλὰ ἔσται σοι ἴση θανάτῳ [ἴσα θανάτῳ 23, ἴση θανάτου y 68 106 161 248]. χάρις καὶ φιλία [καὶ σοφία + 147 159] ἐλευθεροῖ, ἃς τήρησον [στηρισον 157, τηρισον 252, στήριξον z] σεαυτῷ, ἵνα μὴ [μὴ > 23] ἐπονείδιστος γένῃ. ἀλλὰ φύλαξον τὰς ὁδούς σου εὐσυναλλάκτως > hebr.

11 בְּמַשְׂכִּיּוֹת giebt der Syrer ܒܡܣܟܝܐ d h ܒܡܰܣ̈ܟܝܐ: er leitete also das wort von מָסַךְ ab, das entsprechende ناجود kenne ich nur aus Freytag = *vas vinarium*, *patera*. in ה steht ܟܡܟܡܐ, was Castellus nicht zu √ ܟܡܐ hätte stellen sollen [ܐܬܟܡܟܡ ἀνεκλίθη Geop 110, 26]: ܟܡܟ [= *inq: zu √ ענק] wird Sir 50, 9 mit قلادة übersetzt, dessen masculinum قلاد = ܩܠܕ ist: das aethiopische *maqlad* λουτὴρ κρατὴρ ADillmann wb 415. ὁρμίσκῳ wollte Jäger in φορμίσκῳ ändern vgl 26, 19: er citiert Sirach 50, 9 σκεῦος... κεκοσμημένον παντὶ λίθῳ πολυτελεῖ [1]). diese stelle scheint auf unsrer übersetzung der unsrigen zu ruhn, und würde für φορμίσκῳ zeugniss ablegen, aber gegen die schleusnersche emendation des σαρδίου in ἀργυρίου. zum φορμίσκος paſst das μῆλον | דָּבָר דָּבֻר εἰπεῖν λόγον = דַּבֵּר דָּבָר: λαλῶν ῥῆμα 23. danach ist ἐπὶ ἁρμόζουσιν αὐτῷ aus zה obel 23 109 147 159 254 297 in den text zu setzen, da אָמוֹן ἁρμόζουσα 8, 30 diese worte dem alten interpreten sichert.

12ᵃ ist im hebr ebenso construiert wie 21, 4: δέδεται ist erklärender zusatz des interpreten, wie ὠφελεῖ 13ᵃ.

---

[1]) vgl die prachtvolle schilderung im Maḥzor מוסף ליום כפור (אמיץ כח und כאהל הנמתח). mir macht die gleichgültigkeit keinen angenehmen eindruck, mit der die christliche theologie, obwohl sie mit dem Judenchristenthum jetzt so viel zu schaffen hat, die altjüdische litteratur und die von Judenchristen verfertigten bibelübersetzungen vernachlässigt. das unvermögen talmud und midrasch zu verstehn giebt noch lange kein recht sie zu ignorieren. freilich wird, wer in diese massen hineinarbeitet, mindestens ein jahrzehnt hindurch mit der bewältigung des stoffes soviel zu thun haben, daſs ihm alle lust vergehn muſs, das publikum alljährlich mit einem weltbefreienden licht verbreitenden werke zu bestrafen.

מֹוכִיחַ λόγος = שִׂיחַ (Hitzig, der sich nur auf Iob 7, 13 berufen durfte) | an den edelsteinnamen der alten haben gelehrtere sich zu schanden gearbeitet, ich überlasse also σάρδιον und כַּרְכֹּם anderen und bemerke nur, um weiteren schaden zu verhüten, dafs كميت Chalef 256 Ḥamâs 562, 1. 645, 14 Tharafa 59 Amrulqais diwan 22, 9 κέμαιθος ist, obwohl die Araber es ein persisches كميته sein lassen (كُميزه aus कि + V μιστγ?). also mit כַּרְכֹּם hat es nichts zu schaffen. hebräische lexicographen würden gut thun sich mit dem gedanken an ähnliche entlehnungen vertraut zu machen. ich will nur einige wenige wörter anführen. 12ᵇ

שֶׂרֶד Isaj 44, 13 mit سرد zusammenzustellen möchte noch angehn, da Deutero-Isajas ܣܪܘܣ = زرد ו זֶרֶד Sabbat 20ᵃ [זַרְקָ targum Isaj 33, 4 = ܩܪܘܣ زرد] kennen konnte [Freytag giebt bei زرد das persische زره an: bei سرد unterläfst er es zum schaden derer, die aus ihm „arabisches" mit hebräischem vergleichen]: das in den ältesten theilen des pentateuch vorkommende שְׂרָד mit jenem שֶׂרֶד zusammenzubringen, dürfte doch bedenklich sein: ob dies zu זרד צרד *hanf* Buxtorf 689 1940 gehört, weifs ich nicht.

von Freytag wird II 358ᵃ angemerkt سمانى sei persischen ursprungs. dann hätte es mit שֶׁמֶן nichts zu thun und die „verwandtschaft" von שְׂבֵין und سمانى dürfte nicht benutzt werden eine falsche ableitung von שְׂלָו glaublich zu machen [שְׂלָו kann schon wegen seines שׂ nicht zu der wurzel gehören, von welcher שַׁלְוָה = ܫܠܘܐ = سلوة stammt. ܫܠܘܐ nur in ܫܠܘܐ ܕܠܐ ἀπαύστως Anal 136, 12 ἀδιαλείπτως]. freilich wird سمانى als semitisch angesprochen werden dürfen. auch ⲥⲙⲟⲧⲛⲉ bedeutet *wachtel* Zoega catalog 451, 28 [persisch und aegyptisch Reliqq graec ix]. zu dem wenigen, was in Movers' untersuchungen über „phoenicische" religion werth hat, gehört der nachweis, dafs der von Polybius erwähnte punische gott Iolaus = יְאִיבַעַל mit אֶשְׁמוּן im wesen identisch ist. nun vgl Athenaeus Θ 47 Εὔδοξος ὁ κνίδιος ἐν πρώτῳ γῆς περιόδου τοὺς Φοίνικας λέγει θύειν τῷ Ἡρακλεῖ ὄρτυγας διὰ τὸ τὸν Ἡρακλέα τὸν Ἀστερίας καὶ Διὸς πορευόμενον εἰς Λιβύην ἀναιρεθῆναι μὲν ὑπὸ Τύφωνος, Ἰολάου δ' αὐτῷ προσενέγκαντος ὄρτυγα καὶ προσαγαγόντος ὀσφρανθέντ' ἀναβιῶναι. die ankunft der zugvögel belebt gleichsam die natur aufs neue. danach dürfte es erlaubt sein سمانى als das dem götterarzt Eschmûn geweihte thier zu denken. die Araber kennen dessen cultus nicht, und haben daher auch سمانى unverstanden und darum ohne lautverschiebung (ثمان *acht*) herübergenommen.

13ª כְּבַצֹּרֶת *ὥσπερ ἔξοδος* = כְּבְצֵאת (Harenberg mus bremense II 38 bei Jäger) | בְּיוֹם *κατὰ καῦμα* = בְּחֹם (Jäger).

14ª der Grieche nahm אֵין als praedikat für die drei vorhergehenden substantiva, *ἐπιφανέστατα* [-οι Ayz] änderte Jäger richtig gegen AByzכחא in *ἐπισφαλέστατα*.

14ᵇ *ὁ καυχώμενος* B als dem singular מִתְהַלֵּל entsprechende revision mit *οἱ καυχώμενοι* Ayzכחא 23ᵘⁱʷ zu vertauschen.

15ª wegen *εὐοδία* = יִפָּתַח beruft sich Jäger auf den aramäischen gebrauch von פתח bei Buxtorf 1868, vgl 24, 28ᵇ. er verweist auf *στενοχωρία* und 4, 12 Gen 9, 27: da der schmerzen im leben mehr ist als der freuden, ist der gegensatz צָק ضاق ܥܩ [עָקָה bei Amos syriasmus ¹)] weit häufiger | *βασιλεῦσιν* AByz, *βασιλέως* ein unwissender pedant nach קָצִין zא 109 147 157.

18ª מַפִּיץ ist falsch punktiert: *ῥόπαλον* [danach + *και ραυδον* 261 = *καὶ ῥάβδον*] setzt das richtige מַפֵּץ voraus. vgl zu 19. das ܦܪܘܟܐ des Syrers zwingt uns im Chaldäer פְּרוּקָא für פְּרִיקָא herzustellen: vgl פָּדַע فدغ. nach Dathe's öfters angeführter abhandlung ist es nicht schwer solche änderungen zu machen, welche ich daher auch für gewöhnlich den liebhabern bunten drucks und billiger gelehrsamkeit überlasse. das allerdings mit פּוּץ verwandte נָפַץ = نفض lautet im aramäischen ܢܦܨ: انفض und ܐܦܨ decken sich vollständig. נְפַץ des talmud ist aus dem hebr entlehnt [doch vgl auch ܢܦܨ Ioh Ephes 15, 18 = نفض], wie umgekehrt הוֹפִיעַ aus dem niedersemitischen stammt. denn dies wort halte ich für einen metaplasmus von *ܦܨ IV, also = הֵפִיץ افاض. die wenigen stellen, in denen הוֹפִיעַ vorkommt, scheinen mir von Deut 33, 2 abhängig, und der verhältnissmäfsig alte segen des Moses ist sicher in dem zu aramaismen alle gelegenheit bietenden nördlichen reiche geschrieben. das eigentlich zu הוֹפִיעַ *er streute aus*

---

¹) die Hebräer sagen צִיקָה, und nicht צקה, weil sie das wort mit צרה zur alliterierenden formel zu verbinden pflegten und um des guten nicht zu viel zu thun, die assonanz im stabreime vermieden. nur der Araber spricht *falfala*, der Hebräer *filfēl*, der Syrer *falfel* (wie der Kopte ϣⲟⲉⲣⲟⲟⲩⲣ ϣⲟⲟⲣⲟⲉⲣ): ja man umgieng sogar noch ausdrücklicher durch erweichung (wie in כִּבֵּב) den anschein mechanischer bildung.

gehörige objekt (*seine strahlen*) ist, wie so sehr oft im alten semitismus, ausgelassen | *ἀκιδωτὸν* Byאכ, *ἀκηλίδωτον* Azה 109 uw.

> 106 261 | ᵃ *ὁδὸς* BאCz, richtig *ὀδοὺς* Aהy 161 rand | רָעָה 19
κακοῦ = רָעָה (Jäger). in ל sprich *wariglu mutagâwizi* für *waragulu mutagâwizu* | מִבְטָח מוּעָדֶת fehlt dem Griechen, er verbindet רֶגֶל בּוֹגֵד zu *ποὺς παρανόμου* (Jäger). Hitzig hat wenigstens die ähnlichkeit von 19^b und 20^a bemerkt. für מִבְטָח ist מְחָבֵּט = مُخَبِّط zu schreiben. dies מְחָבֵּט ist eine in den text gekommene glosse zu מֵפִּיץ 18^a: *muchbith* übersetzt Castellus geradezu *malleus*. מעד׳ בגד ביום צרה wurde aus versehn wiederholt und (da man den fehler nicht erkannte) mit verschiedner punktation versehn, als hätte man verschiedne sätze vor sich: צ in ק zu ändern verschlug nichts | *ὀλεῖται ieiunum obtinet locum ieiunioris ἔσται quod supplebat* (Jäger).

die ersten vier worte fehlen dem Griechen; nach ה stammt 20a
περιαιρῶν ἱμάτιον ἐν ἡμέρᾳ ψύχους aus ʼAκΣΘ: so 23 obel 149 253 260, *οὕτως ὁ περιελὼν ἱμάτιον ἐν ἡμέρᾳ ψύχους* 147 159 254 | für נֶתֶר der Grieche *ἕλκει* (über *ἕλκος* DWTriller in Bernard's Thomas 295, vgl Ammonius 48): ASchultens hat nicht verfehlt ein mir unbekanntes نتر *confossio altius adacta* beizubringen. erweislich ist נֶתֶר = *νίτρον*. der borax (בֹּרִית, persisch بوره, daher arab بورق: բաւրակ բորակ բարակ) kommt in Armenien und Tibet vor (تنكار *τάγχρος* meine Reliqq gr ix ADillmann wbch 564). wenn ich den Avicenna I 141 recht verstehe, diente er mit essig als arznei: ينفع من الحكة بتحليله الصديد خصوصا الافريقى وبالخل = *confert pruritui, quod resolvit virus, et proprie africanum* [ϩⲱⲥⲉⲙ] *cum aceto* [alte übersetzung II 2, 87]. nitrum ist البورق الارمنى derselbe I 216. da den borax schon die alten brauchten um die metalle löthbar zu machen, konnte er bekannt genug sein. da nun der essig zum stillen des blutes verwandt wird [*ἕλκος τραῦμα νεότρωτον* Hippocr, s Triller], da er alte wunden allerdings reizt, aber reinigt, so konnte er nicht *ἕλκει ἀσύμφορον* genannt werden. ich ändre daher *ἕλκει* in *Βώρακι*, nur *Βω* ist verschwunden, denn PAKEI und EAKEI sind fast identisch. der נֶתֶר reagiert gegen den ihm auf den leib gegossnen essig. über *νίτρον* Geopon *β* 33, 1 und BLangkavel in der berliner zeitschrift für gymnasialwesen 1862 s 884.

wir hätten dann hier die erste erwähnung des βῶραξ in griechischer schrift. ἀσύμφορον ist (wie 19 ὀλεῖται, 12 δέδεται u dgl m) eine ergänzung des übersetzers. dafs beim Syrer ܠܬܐ in ܩܠܬܐ umzuändern ist, lehrt ein blick auf den (s Dathe) aus dem Syrer abschreibenden Chaldäer. vgl noch Hâfis in den rubâijjât: هجرت كه بجان من درويش آمد گوبى كه نمك بر جگر ريش آمد *die trennung, die an meine arme seele kam, du sagst, dafs sie wie salz auf wunde leber kam.*

20ᵇ aus וְשַׁר בְּשָׁרִים wurde וְשֹׁד בְּשָׂרִים (Jäger).

[20] ὥσπερ σὴς ἐν ἱματίῳ καὶ σκώληξ ξύλῳ, οὕτως λύπη ἀνδρὸς βλάπτει καρδίαν > hebr.

21ᵃ ψώμιζε αὐτὸν B, τρέφε αὐτὸν ἄρτῳ ein revisor 23, τρέφε αὐτὸν daraus verstümmelt Ayz 68ᵘʷʷ.

22ᵃ πυρὸς > A in folge einer revision?

22ᵇ ἀνταποδώσει [ανταποδειδωσει A] σοι ἀγαθά AB, ἀνταποδώσει σοι 23, ἔσται ἐπὶ πασῶν ὁδῶν σου 149 260.

26 der vers, einer der tiefsinnigsten des ganzen buches, redet nicht vom unfall, sondern vom falle des gerechten, dessen sünde die heilige sache kompromittiert, welcher er dient: er macht sich selbst unmöglich seiner umgebung segen mitzutheilen. Reg β 12, 14ᵃ.

27ᵇ = וְחֹקֶר כְּבֹד מִלִּים כְּבֹד: über חֹקֶר (Jäger) s zu 2.

28ᵇ für מַעְצָר der Grieche מְלִיצָה (Jäger).

26

3ᵇ לְגוֹי ἔθνει = לְגֵו (Jäger, der auf Corte zu Sallust Catil 20 und BMartinius var lect I 13 verweist): vgl zu 19, 29ᵇ.

6 ὁδῶν AByzאל, richtig ποδῶν ח 106 252 253 261 | ποιεῖται AByz, richtig πίεται Grabe.

7 σκελῶν AByz, χωλῶν + Grabe, schr κυλλῶν | παρανομίαν ABל, παροιμίας yא 68 248, richtig παροιμίαν zח 253 Grabe.

8ᵃ die ostaramäische form von צְרוֹר ܨܪܪ ist als ծրար in das armenische aufgenommen. denn ܨ ص entspricht in den zu den Armeniern verschleppten wörtern ծ, vgl ծոմ צוֹם, ծոթոր صعتر, vgl ܙܘܦܐ θύμβρα Geop 98[20] θύμος 103[22] (dazu *satureia*). dies ist so stehend, dafs ich צְמִים צַמָּה dreist aus ծամ erläutern würde, mit dem ծամել urgeschichte 465 nicht verwandt ist. man wird niemals ص und ծ einander entsprechend finden, da das armenische seine semitischen lehnwörter aus dem aramäischen bezog und dies für ض ؟ sprach. ich will nur neues anführen: ܟܘܫܪ getraide auf dem speicher Geop 10, 9. 10 = צִבּוּר: zu ضبر vgl ضبارة¹): ܟܘܫܪ = ضجور: ܟܪܨܐ [πτελέα ἰτέα?] Geop 14[30] 17[15] 19[27] gehört sicher mit ضرف zusammen, wie ܟܡܨܪ mit ضمر II. aus ܟܡܨܪ = צֶמֶר erschliefse ich ein ضمر, wie mir ܟܘܪܨܐ und ܡܚܪܨܐ ein unumstöfslicher beweis dafür sind, dafs صراف صيرف eigentlich mit ض geschrieben werden müssen. ܨ ܠ sind weit unsicherere buchstaben, darum stehe ich nicht an, אַרְגָּז mit ܪܘܣܩܐ θυλάκιον Tobit 9, 5 zusammen zu stellen: dafs das phrygische *riscus* durch umsetzung daher entstanden, ist seit Bochart bekannt; μάρσιπος habe ich oben viii aus מַרְגִּיז zu erklären vergessen: μάρσικος wurde für ionisch gehalten und deshalb κ mit π vertauscht.

ܪܨ ܡܣܡܣܘܐ würde im syrischen wohl nicht gesagt werden: 10a
ich mufs dennoch syrische buchstaben nehmen, weil ich מ von מְהַלֵּל zu erhalten wünsche und man im chaldäischen נְהַשֵּׁל braucht Buxtorf 1330. zu 23, 34b. redensarten wie רַב הָבִיָּה dienten dem interpreten als vorbild: er übersetzt frei πολλὰ χειμάζεται.

ἔστιν αἰσχύνη ἐπάγουσα ἁμαρτίαν, καὶ ἔστιν αἰσχύνη [11]
δόξα καὶ χάρις > hebr y. aus Sirach 4, 21 (Jäger).

רָאִיתָ εἶδον = רָאִיתִי (Jäger). 12a

שַׁתֵּל ἀποστελλόμενος = שְׁלוּחַ (Jäger) | ἐν δὲ ταῖς πλα- 13a
τείαις φονευταὶ zusatz aus 22, 13 (Jäger): der ganze vers > 297.

Odyssee 20, 25-28. 14

πλησμονὴ könnte שִׂבְעָה (Jäger) geben, auch שִׁבְעָה: die 16
construction? טַעַם ἀγγελία vgl Ionas 3, 7 und das chaldäische.

בְּאָזְנֵי κέρκου = בְּזָנָב (Jäger). 17a

ἰώμενοι ABy, ἱέμενοι ℵ, δεόμενοι 149 260, πειρώμενοι אחz 18
23 109 147 157 159.

ὁραθῶσι [+ ν B] Bz, ὀφθῶσιν 23, φωραθῶσι [+ ν A] 19
Ay 48 69 248 260 261, φοραθῶσι 106 254.

---

¹) עביר nur Iosue 5, 11. 12 vorkommend und von Qimchi richtig erklärt, ist ein offenbarer syriasmus, wie ich deren in diesem heft mehrere nachweise. dafs solche fremdwörter nicht mehr als das was sie sind, erkannt werden, beweist nichts gegen die entlehnung. fühlen wir in *sopha* صفّة oder in *meerschaum* مرجان? Garibaldi und Napoleon würden sehr staunen, wenn man ihnen sagte, dafs sie Deutsche namen tragen, und dafs America von Amerigo = Aimery genannt ein Deutsches wort ist.

20a ϑάλλει πῦρ vgl φλὸξ ἐμαράνϑη Ilias 9, 212 (Jäger).
23 מְצֻפֶּה עַל ἡγητέον ὥσπερ, als hätte er موصوف ب gelesen | דֹּלְקִים λεῖα [δόλια 109 147 157] = חֲלָקִים (Jäger).

27

9b für וּמֶתֶק רֵעֵהוּ der Grieche וּמִתְקָרְעָה (Jäger).
11 für σου εὐφραίνηται sehr εὐφραίνηταί μου y 23^usw | b = וְהֵשִׁיבָה חֶרְפַּת דָּבָר (vgl Jäger).
13a עָרַב זָר παρῆλθε ... ὑβριστὴς = עָבַר זֵד (Jäger).
15 es thut mir leid, nicht den guten glauben an mein wissen und können zu besitzen, welchen die bisherigen ausleger unsres verses sich selbst zugewendet haben. דֶּלֶף und סַגְרִיר sind mir unverständlich: die angeblich entsprechenden syrischen wörter müſste ich erst in den texten nachzuweisen bitten. mein unglück will weiter, daſs ich ܛܪܕ طرد gut genug kenne, um *die treibende* = *stete traufe* sehr komisch zu finden. z b ܛܪܕ Euseb ϑεοφ α 1^ende ε 9, 7 Athan ܒ 4 ܗ 6. 27, 25. 44, 25 Geop 99, 24. 100, 7. daſs der targum נִצְיָתָה mit *quae rixatur* übersetzt, haben die gelehrten leute aus der lat übersetzung bei Walton. schade nur, daſs Dathe (dessen abhandlung sie ja sonst ausschreiben) auf das verhältniss des targums der Proverbien zur syrischen version aufmerksam gemacht hat; schade, daſs ich noch so dreist bin, ܗܟܢܐ ܗܘ ܐܢܬܬܐ ܕܚܪܝܢܐ und הָכְנָא אִתְּתָא דְנַצְיָא gleichzusetzen und תִּגְרָנִיתָא vorläufig für eine glosse zu דְנַצְיָא zu halten. eine vergleichung der hdss wird das nähere ergeben: wer freilich dulden kann, daſs die recognitionen in einem nicht auf den hdss beruhenden drucke des XIX jahrhunderts untersucht werden, hat solche umwege nicht nöthig, auf denen ich, mir nicht zum schaden, meine jugend hingebracht habe. טֹרֵד ist mit ἐκβάλλουσιν richtig übersetzt; dann kann דֶּלֶף nicht σταγόνες bedeuten, da es im hause keine tropfen giebt. ἐκ τοῦ ἰδίου οἴκου in b muſs wohl mit Jäger gestrichen werden. daſs ܐܫܬܘܝ und ܐܫܬܘܝ gleichbedeutend sind, war mir lieb von Deutschen gelehrten lernen zu können: die Syrer selbst haben die beiden formen sonderbarer weise für verschieden gehalten. ܫܘܝ ὑπέστρωσεν Ath 15, 17: ἐπελέανε Geop 9, 20: ܐܪܥܐ ܥܠ ܠܗܘܢ ܡܫܘܝܢ ὑποστρωννῦσιν αὐτοῖς 23, 23: ܡܫܘܝܘ λειωτέον 80, 18: ܐܫܬܘܝ ἐστρώϑη Clem 132, 21. ܐܫܬܘܝ meist ἠξιώϑη, Reliqq 71[18] 72[23] 77[1] 80[3] ἔτυχε: ܬܫܘܝ [formell = تسوية von سوى II] στρωμνή Athan ܣ 13.

das entsprechende سوى wird man auch gut thun mit dem syrischen zusammen zu halten, z b Didasc 3, 27 mit Wâqidî 16.

aus צִפֳּרָה wurde צִפֳּרֵי, b = הִשְׁמוֹ יְמִינִי יִקְרָא (Jäger). in 16
יִקְרָא ist dann das masculinum צִפֳּרֵי subjekt, שְׁמוֹ = *ismahu.* das praedikat von a wird aus הַחִיּוֹת mit dem status constructus eines adjectivs davor bestanden haben, wie خير الاطباء. vgl übrigens Aristot meteor *β* 6 und [Apuleius, s FAdam] *περὶ κόσμου* 4. Plutarch Isis 32 *Αἰγύπτιοι οἴονται τὰ μὲν ἑῷα τοῦ κόσμου πρόσωπον εἶναι, τὰ δὲ πρὸς βορρᾶν δεξιά, τὰ δὲ πρὸς νότον ἀριστερά.* umgekehrt שְׂמֹאל شمال links norden, so dafs hier deutlich die palaestinensische vorstellung in eine aegyptische umgewandelt ist: ⲟⲩⲓⲛⲁⲙ ⲟⲩⲛⲁⲙ ⲓⲱⲛⲁⲙ könnten sogar mit יָמִין zusammenhängen, wie Τύφων [= θάλαττα Plutarch s o] mit طوفان und so mit צָפוֹן, oben 70: Θυφων durften die Griechen nicht schreiben, vgl *θρίξ τριχός.* über *ἐπιδέξιος* Lobeck zu Phrynichus 259. 760.

נֹצֵר *ὃς φυτεύει* = ܢܨܒ. 18

כְּמַיִם nach Jäger כְּמִין gelesen: allein מִין ist ein archaistisches, 19a
nur mit לְ vorkommendes wort, dessen bedeutung noch dazu nicht pafst. כְּמוֹ (Vogel)?

βδέλυγμα κυρίῳ στηρίζων ὀφθαλμόν, καὶ οἱ ἀπαίδευτοι [20]
ἀκρατεῖς γλώσσῃ > hebr. es ist arg, in ח ܢܣܡܐ nicht bessern zu können, schr ܢܣܡܐ: vgl oben vii. ܣܡܐ Geop 10, 25. 77, 25 ܣܡܐܠܐ 46, 13. 82, 1. 5 ܣܡܐܘ 77, 19 Ath ܨܨ 7. II Tit Bostr 135, 31.

מְהַלְלוֹ *ἐγκωμιαζόντων αὐτόν* = מְהַלְלָיו (Vogel). 21b

καρδία ἀνόμου ἐκζητεῖ κακά, καρδία δὲ εὐθὺς [so] *ζητεῖ* [21]
γνῶσιν > hebr y.

הָרִיפוֹת und עֱלִי sind in den dialekten nicht vorhanden, unser 22
interpret scheint für das erste חֲרָפוֹת gelesen zu haben (Jäger). machte er בַּמַּכְתֵּשׁ zu ܡܟܬܫܬܐ? die Araber unterscheiden *maknas* und *miknasat.* בַּעֱלִי > griech.

פְּנֵי *ψυχὰς* nicht etwa = נֶפֶשׁ, sondern (Jäger) *ψυχή* dient 23a
dem Griechen, wie uns *haupt* zum zählen.

28

רַבִּים *κρίσεις* = רִיבִים (Jäger) | יַאֲרִיךְ *κατασβέσει* = 2
יִדְעֲכוּ: die verwechslung ist nur in der althebräischen schrift möglich. Jäger verweist auf 15, 18.

3a = גֶּבֶר רָשָׁע עֹשֵׁק דַּלִּים (גִּבּוֹר Hitzig, רָשָׁע Jäger).

3b וְאֵין לֶחֶם καὶ ἀνωφελής. denn ܠܚܡܐ ܕ ܡܦܩܐ συμφέρων Reliqq 19, 14 vgl Athan ܠܚܡ 24. 14, 25.

4a רֶשַׁע ἀσέβειαν = רָשָׁע (Jäger).

4b יִתְגָּרוּ בָם περιβάλλουσιν ἑαυτοῖς τεῖχος = יִתְגַּדְּרוּ בָם. an גדר dachte Jäger, vgl اجتدر *extruxit parietes.*

7b זוֹלְלִים ἀσωτίαν = ܙܠܝܠܘܬܐ, vgl zu 23, 21.

10b echt οἱ δὲ ἄμωμοι διελοῦνται ἀγαθὰ 23 106 147 254 261, doch hat nur 254 δὲ, 147 254 ἄμεμπτοι. daraus wurde οἱ δὲ ἄνομοι διελεύσονται ἀγαθὰ AByz, welchen satz jene fünf auf ihren echten text folgen lassen! ein drittes verderbniss derselben worte καὶ οὐκ εἰσελεύσονται εἰς αὐτὰ scheinen alle zeugen zu ende des verses zu haben.

12b וּבְקוּם ἐν δὲ τόποις = וּמְקֹם | יְחֻפַּשׂ ἁλίσκονται = יִתָּפֵשׂ (Jäger).

13b וְעֹזֵב ἐλέγχους ABz, καὶ ἐλέγχων y[mw]. sehr καὶ ἐλλείπων.

15 דֹּב konnte durch λύκος nur nach ܕܐܒ übersetzt werden, dem וְזְאֵב entspricht. רָשָׁע πτωχὸς ὢν = רָשׁ (Jäger).

16 תְּבוּנוֹת προσόδων = תְּבוּאֹת (Tromm). Sueton Calig 38 *exhaustus atque egens ad rapinas convertit animum vario et exquisitissimo calumniarum auctionum et vectigalium genere* (Jäger).

17 für עַד־בּוֹר der Gr ὁ ἐγγυώμενος = עֹרְבוֹ: das suffix nimmt das absolut vorausgestellte ׳ג אָדָם auf. da solche construction im dritten jahrhundert nicht mehr im gebrauch war, ausserdem aber עַד־בּוֹר keinen erträglichen sinn giebt, so halte ich die von dem Griechen ausgedrückte lesart für ursprünglich.

[17] παίδευε υἱόν, καὶ ἀναπαύσει σε καὶ δώσει κόσμον τῇ σῇ ψυχῇ· οὐ μὴ ὑπακούσει [= ὑπακούσῃ] ἔθνει παρανόμῳ = 29, 17. 18a (Drusius animadv II 32 bei Jäger). ἀναπαύσει Jäger 23 161[rand] 297, ἀγαπήσει AByzאעה. von „18a" finde ich nur עָם wieder. in 23 folgt noch 21, 13.

18 nach βοηθήσεται + 161[rand] τροχιας, während 252[rand] τραχείαις ὁδοῖς zu σκολιαῖς ὁδοῖς beischreibt. ich schliesse aus diesen glossen, dass ὁδοῖς nicht echt und mit τροχιαῖς zu vertauschen ist. nach ἐμπλακήσεται + εἰς κακά 254 297. dass בְּאֶחָת aus בְּשַׁחַת verderbt ist, scheint mir so auf der hand zu liegen, dass ich mich wundre diese conjectur nirgends finden zu können: Vogel liess den Syrer mit ܒܦܘܣܩܐ בשדות voraussetzen.

die übersetzung ist spurlos untergegangen, da die schreiber 20b
11, 21. 19, 5. 9 im kopfe hatten.

חֶסֶר ἐλεήμων = חָסִיד (Vogel). 22b

בְּאַרְחוֹ für אַחֲרָי? b Ἀκ παρὰ λειοῦντα γλῶσσαν = ܡܠܫ 23
ܠܠܫܢܗ ܡܫܝܥܐ؛ ܗܘ ܡܢ ה[rand]: da soll ein zeitwort ܡܫܝܥ vorkommen! was Castellus zu √ ܡܫܥ stellt, streiche bis auf ܡܫܘܥܐ = مشا *pastinake*: ܡܫܝܥ ist particip IV, ܡܫܥܥ dsgl II von ܫܘܥ χρίειν ἐπιχρίειν πωμάζειν περιπλάσσειν Geopon 23, 16. 24, 20. 25, 2. 84, 11. 87, 10. 98, 24.

ἄπιστος B, ἄπληστος richtig ANהPyz 23 usw | κρίνει [κρινεῖ] 25a
εἰκῇ schr mit א ἐγείρει νεῖκος: νικος 23, ܙܟܘܬܐ in ה scheint auf einer verwechslung von νεῖκος und νίκη zu beruhen. 29, 22 ist das richtige in Bz erhalten.

בִּמְקֹם ἐν τόποις = מָקֹם. 28a

29

מַקְשֶׁה (Jäger), vgl zu 13, 12 | יִשָּׁבֵר φλεγομένου αὐτοῦ 1
= יִשָּׂרֵף (Jäger).

בְּבִרְכַּת ἐγκωμιαζομένων = בְּבִרְכַּת (Jäger), obwohl hebr 2a
בְּהִבָּרֵךְ zu sagen gewesen wäre.

תְּהִלּוֹת las der Grieche תַּרְמִית. an √ רמה dachte Jäger. 4b

glänzend ist Jäger's besserung ὃς ἀρεσκεύεται ἐπὶ [κατὰ 23 5
253] πρόσωπον τοῦ ἑαυτοῦ φίλου, δίκτυον περιβάλλει αὐτὸς τοῖς ἑαυτοῦ ποσίν. *er* verweist auf Zeune zu Xenoph oec 5, 19.

רַב für רַע (Jäger). 6a

doppelt (Jäger), beide versionen vom ersten übersetzer, dessen 7b
art nicht zu verkennen ist. aus רָשָׁע machte er das eine mal רָשׁ (nicht *scribendi error* nach Jäger).

für ἄνεμοι schr aus Ay 23 usw λοιμοί, vgl die concordanz. 8a

אַנְשֵׁי אִישׁ אֱוִיל konnte ἔθνη nur von jemand übersetzt werden, 9a
der neuere wiederholungen des Exod 2, 11. 12 erzählten vorganges vor augen hatte.

da passive formen von √ שחק nicht vorhanden sind, glaube 9b
ich dem interpreten יְשֻׂחַק וְרָגַז unterschieben zu müssen.

μέτοχοι > 23 106 261, es stammt aus 1, 18. 10a

יְשַׁבְּחֶנָּה ταμιεύεται = יַחְשְׂכֶנָּה. 11b

unter רָשׁ versteht der Grieche רֹאשׁ und nimmt dies für κε- 13a
φάλαιον *kapital*, daher δανειστοῦ. bei אִישׁ תְּכָכִים denkt er an τόκος, daher χρεωφειλέτου.

14b לָעַד εἰς μαρτύριον = לְעֵד 12, 19 (Jäger).
16b יִרְאוּ καταφοβοι γίνονται, also von יָרֵא abgeleitet (Jäger).
17 > 297, zu 28, [17]: hier hat 254 das dumme ἀγαπήσει. ich glaube nicht, daſs der vers hier hergehört.
18 חָזוֹן [von حزا] = ἐξηγητής?
21 עַבְדּוֹ δοῦλος ἔσται = יַעֲבֹד (Jäger) | מָנוֹן ὀδυνηθήσεται = בְּיָגוֹן (Jäger).
22 ἐγείρει Bz, ὀρύσσει Aγאה 106 usw, ἐξορύσσει 296 | vor b + 23 ה obel ἐπιεικὴς ἐκοίμισεν [εκοιμησεν 23] ἁμαρτίας | ἐξώρυξεν ABγzא, ἐστύρευσεν Jäger. sehr ἐξερεύξεται, dessen ται aus ναμ leicht zu beschaffen ist, wie das το meines κατωρχήσατο 11, 10 aus dem folgenden πο. möglich sogar, daſs bei רַב an נָבָל gedacht wurde. wie oft sagt der midrâsch אַל־תִּקְרֵי ... אֶלָּא ...: was man in Palaestina und Babylon gethan, wird man in Aegypten nicht unterlassen haben.
25 doppelt da (Hitzig): beide übersetzungen vom ersten interpreten, der 25a einmal mit 24b verbunden hatte und dann den ganzen vers noch einmal übertrug. in חֶרְדַּת אָדָם sah der mann *menschenfurcht* (gegensatz θεοσέβεια: vgl zu 7, 2) und nahm diese für ἀσέβεια.
27 der vers scheint mir sehr verderbt; ich glaube βδέλυγμα δικαίων [kaum δικαίοις] ἀνὴρ ἄδικος [ἀδικῶν?] für den echten text halten zu dürfen. in b nehme ich aus 23 ὁδούς für ὁδός auf: der übergang zu der im griechischen text folgenden lobrede auf das weib wurde dadurch gemacht, daſs man יְשַׁר־ als ישר' = יְשָׁרַת verstand. κατευθύνουσα steht in allen hdss, und bezeugt so, daſs die jetzt verbreitete ordnung des griechischen textes auf den übersetzer selbst zurückgeht.

30

1 s 24, 22 | a = דִּבְרֵי תָּגִיר בְּנֵי קֹהַם (Jäger) | b לְאִיתִיאֵל (nur Einmal gelesen) τοῖς πιστεύουσι θεῷ = לְ.....י אֵל | וָאֻכָל καὶ παύ[σ]ομαι = וָאֵכֶל (Jäger).
3a וְלֹא לָמַדְתִּי θεὸς δεδίδαχέ με = וְאֵל לִמְּדַנִי (Jäger).
4a בְּחָפְנָיו ἐν κόλπῳ = בְּחִצְנִי (vgl Jäger).
9 יְהוָה με ὁρᾷ = יֶחֱזֶה Sirach 23, 18 (Jäger).
12b der Grieche hat bei צֹאָה allerdings an יָצָא gedacht: da aber ll ῥυπαρὸς von צֹאָה ebensowenig getrennt werden kann, als

ܡܚܠܐ von יָצָא, mufs ich den neuen lexicographen zum trotz die wörter für völlig unverwandt halten.

s 24, 34. ܚܠܒ στρόφος Geop 104, 1. הַב הַב ἀγαπή- 15
σει ἀγαπώμεναι setzt formen von ܚܳܒ voraus, wegen ἀγάπητις Hemsterhuys zu Thomas 127 Koen zu Gregor 20 (Jäger).

בַּעֲלָמָה ἐν νεότητι = בַּעֲלֻמָיו? 19

πράξῃ änderte PWesseling observv 151 [von Jäger citiert] 20
zweifelnd in τρώξῃ, verwies aber selbst auf das plautinische *facere*. Jäger citiert Burmann zu Petron 9. ἀπονιψαμένη: vgl nicht Constitutt 194, 20, sondern Pseudo-Lucian λη 39. 42.

nur 23 106 haben die ordnung der Masoreten, die andern 22
stellen die שִׁפְחָה vor die שְׂנוּאָה. diese שְׂנוּאָה kehrt Sirach 7, 26[b] als μισουμένη wieder und ist mit der zu 12, 13[b] besprochnen צָרָה identisch.

31

= דִּבְרֵי לְמוֹאֵל מַשָּׂא מֶלֶךְ (Jäger). 1[a]

חֵילֶךָ σὸν πλοῦτον, ܫܠܡܘ ܡܣܟܢܐ ܗܘ؛ ܒܣܡܢܐ Didasc 3
42, 14 | לַמְחוֹת מְלָכִין εἰς ὑστεροβουλίαν = לְנַחֵם מִלְּבִין: Drusius [fragm, von Jäger citiert] war auf dem richtigen wege, sein „להמחות" würde *tröstungen* bedeuten. ס macht לָהֶם aus למה.

aus dem מְלָכִים sind beim Griechen wieder zweimal מְלָכִים 4
βουλαὶ geworden. in לְמוֹאֵל mufs das aequivalent von ποιεῖ stecken; dachte man an einen aramaisierenden infinitiv von הוֹאִיל?

λόγῳ θεοῦ sehr μογιλάλῳ, was ich gefunden, ehe es mir 8
die concordanz als übersetzung von אִלֵּם nachwies. *de NT ... edendo* 16. ס las in LXX λόγῳ ἀληθεῖ, was zeigt, wie sich μογιλάλῳ zuerst verderbt hat [αλθ aus λαλω], ehe es zu λόγῳ θεοῦ entartete | בְּנֵי חֲלוֹף wurde dem Griechen zu einer mit ܫܘܚܠܦܐ gleichbedeutenden form.

s 29, 27. 10

in יֶחְסָר ist dem Griechen שָׁלָל subjekt (Jäger) | streiche 11[b]
καλῶν vgl zu 2, 11. 23 252 lassen das wort weg.

וְלֹא רָע > B, καὶ οὐ κακὸν y 68[usw], καὶ οὐκ εἰς κακὸν 254. 12

הָרִשָּׁה μηρυομένη = שָׂרְדָה, zu 25, 12[b]. εὑραμένη 23 ח. 13[a]

μακρόθεν liefse sich zu [b] ziehn, wenn wir δὲ nach συνάγει 14
mit 23[usw] streichen. lassen wir es stehn, so gliche die construction der zu 18, 19[a] angegebnen.

בְּכִישׁוֹר ἐπὶ τὰ συμφέροντα = בְּכוֹשָׁרוֹת. 19

21 für χρονίζῃ schrieben Cotelier und Grabe χιονίζῃ: recht schlecht, da mindestens χιονίζηται erfordert würde und der satz immer noch unsinnig wäre. erträglicher wird er, wenn man mit Jäger ὁ ἀνὴρ αὐτῆς streicht, *ingestum ad iuuandam lectionem vitiosam* χρονίζῃ, *quod peregrinatio maritum potius deceret quam uxorem.* dann wäre χιονίζῃ unpersönlich, wie Herodot β 22. δισσὰς rief Grabe richtig aus 22ª an das ende von 21 zurück, so ח: für שָׁנִים las der mann שְׁנַיִם.

24 nach ἀπέδοτο + τοῖς Φοίνιξι z 23 usw Constitt ח obel: פ + لاهل بسرى, was nicht *incolis Bosra* [= بصرة] bedeuten kann. schr لاهل مرسى *den leuten des hafens*: die redensart wird zu belegen sein, مرسى ist wie مرساة *anker* im täglichen gebrauch.

25 wenn irgendwo, kann man sich bei 25-27 überzeugen, daſs bei der LXX mit einem bloſsen blättern in alten pergamenten nichts gethan ist. die Constitutionen 10, 22 ff citieren 25-27 ganz anders als unsre hdss, Clemens weicht 107, 44 ff ebenfalls ab. daſs 26 so verschieden gestellt wird und in verschiednen übersetzungen vorkommt, beweist ebenso gegen seine ursprünglichkeit wie der umstand, daſs 26ᵇ uns schon bei 3, 16 begegnet ist. Clemens dreht die reihefolge der glieder um und setzt den vers nach 27ᵇ: θεσμοὶ δὲ ἐλεημοσύνης ἐπὶ τῇ γλώσσῃ αὐτῆς, ἥτις τὸ στόμα αὐτῆς διήνοιξεν σοφῶς καὶ ἐννόμως. die Constitutionen haben nach 25 τὸ στόμα αὐτῆς διήνοιξεν σοφῶς καὶ προσηκόντως, καὶ τάξιν ἐστείλατο τῇ γλώσσῃ αὐτῆς. ebendiese worte (nur meist ohne τὸ und προσεχόντως καὶ ἐννόμως, 23 253 προσεχόντως καὶ σοφῶς, 68 161 248 nur προσεχόντως, 106 ἔθετο für ἐστείλατο) ABγz vor 25. aber die Constitutionen haben fast in demselben athem nach 27 noch eine zweite mit der bei Clemens stehenden fast identische übersetzung τὸ στόμα αὐτῆς ἀνοίξει [διήνοιξεν Eine hds] σοφῶς καὶ ἐννόμως, θεσμοὶ δὲ ἐλεημοσύνης αὐτῆς ἐπὶ τῆς γλώσσης αὐτῆς. und ABγz bringen nach 27 wenigstens 26ª noch einmal τὸ στόμα δὲ ἀνοίγει σοφῶς καὶ νομοθέσμως, welche worte 23 297 nicht haben.

27ª צוֹפִיָּה στεγναὶ = צְפֻנִית: צָפָה = ܛܦܐ, ܛܦ̈ܐ *verschlossen.*

28 ἡ δὲ ἐλεημοσύνη αὐτῆς ist mit 23 wegzulassen, es ist der anfang einer übersetzung von 26ᵇ: die hdss hatten ja nach 27 eine duplette von 26ª gebracht | וַיְאַשְּׁרוּהָ ἐπλούτησαν = וַיְעַשְּׁרוּהָ (Jäger), Clemens 107 45 ἧς τὰ τέκνα ἐμακάρισαν ἀνιστάμενα hat den text aus einem späteren geändert.

κάλλος γυναικὸς = יְפִי אִשָּׁה setzt sich über den אַהֲבָה hinweg. 30
χειλέων ABzℵϽ, *χειρῶν* richtig חy Grabe. 31*
ὅτι ὁδοὶ ἀνδρὸς πρὸ προσώπου αὐτοῦ πορεύ[σ]ονται, καὶ [31]
κατορθώσουσιν αὐτῷ τὸν αἰῶνα τοῦ αἰῶνος [*τῶν αἰώνων* 254]
+ 23 106 253 254.

ich hatte die absicht die von unserm Griechen übersetzte hds sowie den archetypus der Masoreten zu beschreiben: allein die untersuchung würde weitläufiger werden als meinem finanzminister lieb sein könnte. ich erwähne also nur noch, dafs 24, 7-15 auf der aufsenseite eines heftes gestanden haben müssen: diese war so abgerieben, dafs der übersetzer das auf ihr geschriebne nur kümmerlich erkennen konnte und oft irrte. vor und nach diesem abschnitt geht alles ganz glatt. damit habe ich das maafs gegeben: die urcodices waren nicht stichisch geschrieben. wie lang ungefähr (auch bei sehr grofsem format) eine seite und eine spalte eines altsemitischen manuscripts ist, kann man aus meinen ausgaben der syrischen apocryphen und geoponica, des Clemens und Titus leicht sehn. vgl auch Reliqq syr 124.

kein mensch weifs besser als ich, wie blutwenig mit den vorstehenden anmerkungen geleistet ist, wenn sie nicht die veranlassung werden, dafs andre die vor 80 jahren liegen gebliebene arbeit an der LXX mit den jetzigen mitteln und vor allem mit der jetzt in der klassischen philologie geltenden methode wieder aufnehmen. ich will herzlich froh sein, wenn ich der überzeugung bahn schaffen helfe, dafs in der grofsen oxforder ausgabe des griechischen alten testaments genug steht, was sehr werth gekannt zu werden und obwohl gedruckt, so gut wie ungedruckt ist. möchte man sich aufserdem durch mein buch veranlafst finden, die theologische litteratur des vorigen jahrhunderts aus ihrer vergessenheit zu ziehn. mir steht fest, dafs jene verachteten, nur von einzelnen taschenspielern hie und da geplünderten männer durch ihren sich nie genug thuenden wissensdrang wie durch ihre neidlose, vor keinem um- und zu-lernen zurückschreckende liebenswürdigkeit den jetzt lebenden weit überlegen sind.

ich wünsche nichts sehnlicher als dafs mein kleiner beitrag recht bald über umfassenden arbeiten vergessen werden könne, und tröste mich inzwischen mit Hafis,

که گر میرم هم اندر راه میرم ❖

Ich will nun noch eine frühere nachlässigkeit gut machen. als ich den Titus [1]) von Bostra herausgab, übersah ich in meinen papieren folgende schon 1852 abgeschriebene stelle des Mus britann 12156: ܕܡܢܝܟܝܘܣ ܥܠ ܗܕܐ ܕܝܠܐ. ܡܫܝܚܐ ܗܘ 79 A
ܕܡܢܘܬܐ ܕܠܗܐ ܐܠܗܘܬܗ. ܡܬܠܒܫ ܕܡܘܬܐ ܕܦܓܪܐ ܢܦܫ.
ܘܗܘ ܕܐܠܗܘܬܗ ܒܪܘܚܐ ܕܩܘܕܫܐ ܐܢܫܐ ܗܘܐ. ܘܠܗܘ ܕܠܐ ܟܪܐ.
ܗܘܐ ܡܫܝܚܐ ܘܠܟܠܗ ܒܪܢܫܐ. ܠܗܢܐ ܡܢܝܟܝܐ ܐܡܪܐ. ܗܘ ܕܡܫܝܚܐ
ܠܟܠܗ ܠܐܘܪܚܐ ܕܐܢܫܐ ܡܢ ܐܡܗ ܒܬܘܠܬܐ ܢܦܫ. ܘܡܫܝܚܐ
ܡܬܒܪܝܢ. ܡܢ ܡܪܝܐ ܢܦܫ ܕܢܦܫܗ ܒܡܪܝܐ. ܘܡܫܝܚܐ
ܡܫܬܟܚܢ. ܡܢ ܒܣܘܣܬܐ ܥܠ ܡܪܐ ܕܟܠܗ ܡܢܦܫ. ܗܘܝܘܢ
ܦܢ ܢܬܠܐܡ ܗܦܟ ܠܗ ܡܢ ܠܐ ܡܫܬܡܥ. ܡܫܝܚܐ ܕܝܢ ܡܢ ܥܠ
ܗܘܝܘ ܡܢܚܡܢܐ ܘܠܟܠܗ ܗܦܟ. ܡܥܒܪܐ ܗܘܐ ܡܦܢܝܐ
ܕܡܢܟܠܗ ܕܐܠܐ ܡܪܐ. ܘܡܥܒܪܐ ܕܡܫܝܚܐ ܕܟܬܒ ܐܝܟܐ ܕܥܠ
ܬܪܝܢ ✠ 79 B ܘܥܠ ܐܣܟܝܡܐ. ܒܡܫܝܚܐ ܗܢܐ ܡܪܝܐ ܕܢܫܐ ܗܘܐ.
ܘܢܫܐ ܕܗܘܐ ܠܓܘܫܡܐ ܕܡܫܝܚܘܬܐ ܠܟܠܗ ܐܢܫܐ. ܐܦܪܐ ܕܝܢ
ܘܗܫܬܐ ܢܫܐ ܥܡ ܗܘܝܘ ܒܟܢ ܗܘܝܘ ܝܗܒ ܟܢܘܫ ܕܡܠܟܐ
ܐܠܗܘܬܗ ܗܘܐ ܒܡܫܝܚܐ ܕܝܠܐ. ܡܫܬܟܚ ܗܘܐ ܡܢ ܡܠܟܐ ܡܪܝܐ
ܡܫܝܚܐ. ܡܢ ܕܫܝܢܐ ܕܐܠܐ ܡܪܐ ܒܟܢ ܗܘܐ ܒܗ. ܘܠܟܠܗ
ܠܗܘ ܦܢ ܡܢܟܐ. ܠܡܪܝܐ ܕܝܢ ܕܡܫܝܚܐ ܠܐ ܡܝܬ. ܘܕܝܠܗ ܗܘܢܘܗ
ܗܘܐ ܒܢܝܫܐ ܠܢܫܐ. ܘܒܡܢܘܬܐ ܕܢܫܐ ܠܡܢܘܬܐ ܕܢܫܐ. ܘܠܗܘ
ܦܢ ܠܐ ܡܬܡܣܟ ܠܗܘܠܝܢ ܕܝܢ ܕܠܗܘܢ. ܡܢ ܒܗܘܕܘܬܐ ܒܠܐ.
ܡܠܐ ܡܪܝ ܗܦܪ ܐܦܝ ܒܝܬܐ ܠܐܦܠܛܘܢ ܕܡܗܘܕܝܐ. ܕܐܝܟܐ ܡܢܝܚܐ
ܡܬܠܟܢ. ܡܢ ܒܡܢܗ ܕܠܗ ܐܦ ܠܗܠܝܢ ܡܢܗܘܢ. ܕܡܢ ܢܦܫܗܐ
ܦܢ ܡܪܟܢ. ܡܬܠܐ ܕܝܢ ܒܡܘܬܐ ܠܐ ܡܢܗ ܡܫܝܚܝܢ. ܡܪܝܐ ܕܝܢ
ܡܢ ܦܬܐ ܠܢܫܐ ܥܠ ܒܢܝܐ ܒܬܘܠܬܐ ܕܠܐ ܠܡܪܝܢ. ܗܘ
ܕܝܠܗ ܠܡܫܝܚܐ ܕܡܪܝܢ ܢܦܫܗ. ܘܡܫܝܚܝܘܬܐ ܦܢ ܡܢ
ܢܦܫܐ ܕܗܘܝܘ ܒܪܟ ܗܘܐ. ܒܡܪܐ ܕܝܢ ܠܡܪܝܢ ܗܦܟ ܗܘܐ.
ܥܠ ܕܢܫܐ ܕܡܫܝܚܐ ܐܠܗܘܬܗ ܗܘܘ ܒܪܘܚܐ. ܡܠܝܢ ܡܢ ܡܗܘܝܐ
ܡܪܝܐ. ܡܪܝܐ ܝܗܒ ܡܠܐܟܐ ܡܗܘܝܐ. ܡܫܬܠܛܐ ܠܐܦܣܢ.
ܡܢ ܡܪܝܐ ܕܝܢ ܒܢ ܐܒܐ ܐܠܦܢܘ ܐܦ ܡܢ ܡܠܐܟ. ܡܗܘܝܐ ܕܝܢ.
ܠܗܘܢ ܐܦ ܠܐ ܡܢ ܗܦܟ ܠܕܡܘܬܐ ܐܠܗܘܬܗ ✠ 79 C ܘܠܘܩܒ. ܗܘ

[1]) die theologen, welche über die φιλοσοφούμενα reden, werden sich vielleicht auch mit der zeit auf den im Mai 1859 erschienenen Titus 135, 4-7 beziehn: *Origenes ... lebte bis in die zeit des Decius und hat den Mani nicht erwähnt, obwohl er keinen einzigen der αἱρεσιῶται ausliefs, welche* usw. im original mufs Μάνου λόγον οὐδένα ἐποιήσατο gestanden haben. die φιλοσοφούμενα sind freilich trotz dieser stelle sowenig von Origenes als sie von Hippolytus sind. vgl *thesaurus epistolicus Lacrozianus* II 47. 88.

ܒܬܘܠܘܬܐ ܠܟܠܗ. ܘܠܐ ܢܗܘܐ ܡܬܐܡܪܐ ܗܕܐ ܐܝܟ ܡܢ ܕܗܘܬ. ܐܠܐ
ܡܛܠ ܠܗܕܐ ܐܝܟ ܦܢܝ ܕܐܬܒܪܬ ܘܟܠܗ ܡܬܘܕܝܐ ܡܢ ܐܬܒܪܝ.
ܗܠܝܢ ܕܠܒܬܗܘܢ ܐܦ ܠܐܬܒܪܬ. ܡܢ ܕܝܢ ܒܥܝܢ ܒܬܪܐ ܡܬܚܫܒܐ.
ܗܠܝܢ ܕܠܒܬܗܘܢ ܐܦ ܠܐ ܡܬܐܡܪܐ ܗܘܬ. ܗܝ ܒܬܘܠܘܬܐ ܠܟܠܗ.
ܒܬܪܐ ܡܗܘܕܝܐ. ܗܡܝܢܘܬܐ ܕܝܢ ܒܬܠܝܬܐ. ܒܬܘܠܘܬܐ ܕܝܢ ܠܢܦܫ
ܢܟܪܐ. ܡܕܒܪܐ ܕܝܢ ܕܠܥܦܪܐ ܕܡܠܬ. ܠܐ ܗܘܐ ܓܝܪ ܡܢ ܥܡܐ
ܕܒܬܘܠܬܐ. ܡܬܦܪܢܣ ܗܘ ܕܡܬܦܠܓ ܐܠܐ ܡܢܗ ܕܥܡܐ ܚܕܬܐ
ܐܝܬ ܕܝܠܗ ܕܥܒܕ ܐܦܠܐ ܠܗ ܥܠ ܕܐܦ ܒܢܝܢܐ ܢܗܘܐ.
ܘܒܬܪ ܐܫܬܡܠܝܬ. ܢܫ̈ܐ ܦܢܝ ܓܝܪ ܡܢ ܡܬܪܝܐ ܡܬܚܒܢ ܗܘܘ 79 c
ܠܘܬ ܐܠܗܐ. ܟܕ ܐܡܪܝܢ ܕܢܗܘܐ ܠܝ ܡܪܝܐ ܣܓܝܐܝܢ. ܘܡܬܪܥܝܢ
ܗܒ ܠܝ. ܐܝܠܝܢ ܕܝܢ ܠܐ ܡܬܚܝܢ ܗܘܝܢ ܗܟܢܐ ܐܡܪܝܢ ܗܘܘ ܢܫ̈ܐ.
ܒܬܘܠܬܐ ܓܝܪ ܐܝܟܢ ܗܘܝܢ ܢܟܦܬܐ. ܘܒܟܝܢܐ ܕܢܫ̈ܐ. ܘܢܫܬܪܪܐ
ܠܦܘܪܩܢܐ ܕܥܠܡܐ. ܟܕ ܕܝܢ ܠܐ ܡܬܚܝܢ ܗܘܝܢ ܡܢ ܓܒܪܐ ܕܢܫ̈ܐ.
ܗܫܬܐ ܗܟܝܠ ܟܕ ܐܬܐ ܒܬܘܠܘܬܐ ܠܐ ܡܬܚܝܢ ܗܘܝ. ܫܒܩܝܢ ܗܘܝ
ܠܗܘܢ ܠܒܥܠܘܬܐ ܡܫܬܥܠܝܢ ܓܝܪ ܡܢ ܕܝܠܗ ܗܘ. ܘܠܐ ܗܘܐ
ܐܝܟ ܕܡܢ ܡܥܡܝܢܘܬܐ. ܢܬܐܨܠܘܢ ܥܠ ܡܬܘܕܝܐ ܡܫܬܚܩ.
ܘܠܐ ܗܘ ܓܝܪ ܐܦ ܒܬܪܐ ܠܡܬܐܨܠ. ܒܟܠܐ ܓܝܪ ܕܐܬܐ
ܒܒܥܡܐ ܚܕ ܚܕ ܗܘܐ ܒܟܠܗ. ܟܠܐ ܕܥܠ ܗܠܝܢ ܢܓܘܦ ܠܝ.
ܡܠܝܐ ܕܡܢ ܗܠܝܢ ܕܚܫܘܟ ܢܗܪܐ. ܚܕ ܕܝܢ ܒܗܠܝܢ ܕܗܢܘܢ
ܡܬܒܫܪܢ ܚܕ. ܐܡܪ ܗܘܐ ܗܟܝܠ ܕܡܢ ܕܒܝܬ ܗܘ ܕܐܬܐ
ܒܒܝܬܗ ܕܡܪܝܐ. ܘܡܢ ܥܠ ܒܪܘܟ ܐܝܬ ܠܟ ܠܒܢܝܡܢ ܠܝ. ܕܟܠܗ
ܢܫܐ ܘܒܠܗ ܡܬܒܪܟܐ. ܐܡܪ ܘܒܪܟ ܡܪܝܐ ܕܢܦܩ ܐܝܬ. ܒܐ ܠܟ
ܓܝܪ ܠܡܢܬܐ ܒܪܐ. ܒܗ ܒܬܘܠܬܐ ܓܝܪ ܡܬܬܒܟ ܐܝܬ.
ܘܒܟܠܗܘܢ ܦܪܩ ܐܝܬ. ܘܒܟܠܗܘܢ ܠܘܬ ܓܒܪܐ ܕܗܘܝ ܐܝܬ.
ܡܟܢ ܗܘ ܕܡܬܠܟܠܗ ܐܡܪ ܢܫܐ ܕܐܠܘ ܐܘ ܡܗܘܕܝܐ. ܐܦܐ ܡܢܗܠܐ
ܢܫܐ ܐܡܪ ܗܘܐ. ܐܠܐ ܠܐ ܗܘܐ ܡܢܗܠܐ ܢܫܐ ܐܡܪ. ܗܘ ܓܝܪ ܐܡܪ
ܗܠܝܢ ܕܒܬܪ ܗܟܢܐ. ܠܗܘܐ ܡܪܝܐ ܘܙܕܩ ܠܝ. ܗܘ ܗܟܢܐ
ܕܒܬܘܠܬܐ ܕܡܪܝܐ ܐܝܟܐ ܘܒܟܠܗ ܟܕ ܐܡܪ. ܕܒܬܘܠܬܐ ܕܐܦ ܐܝܬܝܗ
ܘܠܐ ܡܫܬܒܩܝܢ ܐܠܐ ܠܟ. ܗܘ ܐܡܠܝܬܗ ܒܡܪܝܐ ܕܐܝܬܐ ܒܬܘܠܬܗ
ܕܡܪܝܐ ܠܗܕܐ ܡܪܝܐ ܘܙܕܩ ܠܝ.

Nachtrag.

Zu meiner freude finde ich, dafs ANauck die vii erwähnte stelle des Sophocles in seinen euripideischen studien I 37 ebenso emendiert hat wie ich. vgl Lysis bei Valckenaer zu Eurip Hippol 18.

Index.

Verbessere

viii 12 צָב | 9, 15 ἔρχηται | 17, 19 ܪܣܡܠܐ | 60, 17 יְשַׁנְאֻהוּ:
69, 32 [וּבְבוֹזִי] (ich hatte ursprünglich [וְשָׁוְא] drucken lassen).

[illegible]?